Luise Berg-Ehlers · Jutta Schreiber · Horst und Tina Herzig

England und die Detektive

Luise Berg-Ehlers (Text)

Jutta Schreiber (Rezepte)

England und die Detektive

Mit Fotografien von

Horst und Tina Herzig

Lektorat: Diethelm Kaiser, Bettina Hüllen
Gestaltung: Dorén + Köster, Berlin
Satz und Lithos: Mega-Satz-Service, Berlin
Druck: Aumüller KG, Regensburg
Bindung: Kunst- und Verlagsbuchbinderei Leipzig

Printed in Germany
ISBN 3-87584-820-9

INHALT

Manchester
Shrewsbury
The Fens
Norwich
Grafschaft Suffolk
Newmarket
Woodstock
Oxford
London
St. Mary Mead
Kingsmarkham
Grafschaft Devon
Dartmoor
Torquay

Einleitung

Ein Reisender, der sich in gespannter Vorfreude mit der Fähre der britischen Insel nähert und dabei die weißen Klippen von Dover, gelegentlich sogar vom Sonnenlicht beschienen, als Verheißung von Ferienfreuden betrachtet, wird sicher einen Reiseführer im Gepäck haben, der ihn bei der Fahrt durchs Land mit allen notwendigen Informationen versorgt. Will er aber England von einer Seite kennen lernen, über die man im Baedeker wenig erfährt, dann ist er gut beraten, wenn er sich einer besonderen Spezies von Reisebegleitern anvertraut, die er bei der Lektüre einer Vielzahl von englischen Kriminalromanen kennen gelernt hat; sie heißen zum Beispiel Miss Jane Marple, Sherlock Holmes oder Lord Peter Wimsey.

Und während die Fähre noch Kurs auf Dover hält, begibt sich der Reisende bereits im Geist auf den Weg durch Städte und Dörfer, über belebte Straßen und einsame Moore, begegnet Kaufleuten und Landpfarrern, Professoren, Herzögen und Popsängern, besichtigt Kirchen, Country-Houses und Colleges und stellt dabei fest, dass es kaum kundigere Gefährten bei einer Exkursion über die Insel gibt als Detektive.

Nun könnte man den Einwand erheben, hier seien Fiktion und Wirklichkeit, literarisches und reales England höchst unzureichend voneinander getrennt. Diesem Einwand ist mit dem Hinweis darauf zu begegnen, dass man in England noch überall auf mehr oder minder reale Spuren von Detektiven trifft: In Londoner Pubs oder U-Bahn-Schächten sieht man Hinweise auf Sherlock Holmes, in Shrewsbury stehen noch die Mauern des Benediktinerklosters, in dem Bruder Cadfael lebte, in Oxford erscheint eine Begegnung mit Inspector Morse jederzeit möglich, und in einem kleinen Dorf in Devon könnte die alte Dame im Garten eines strohgedeckten Hauses Miss Marple sein. All diese Indizien machen deutlich, dass die Welt der englischen Detektive nur scheinbar eine eigene Welt darstellt. Diejenigen, die in diese Welt reisen wollen, müssen nicht besondere Bahnsteige betreten, sie benötigen keine spezielle Ausrüstung und können ihre Lupe daheim lassen; sie sollten nur die Bereitschaft mitbringen, sich auf die Lebenswelt der verschiedenen Figuren einzulassen, die in den Büchern von Arthur Conan Doyle, Dorothy L. Sayers, Agatha Christie, P. D. James, Val McDermid, Ruth Rendell, Colin Dexter und vielen anderen Autoren so genau beschrieben wird. Und um diese Lebenswelt möglichst sinnlich zu erfahren, ist es wichtig, dass man sich mit den Detektiven und Detektivinnen sogar zu Tisch setzt – mag dieser auch zuweilen nur die Theke einer Kneipe oder der Tresen eines Fast-Food-Restaurants sein. Bei einem exquisiten Menu im Savoy, bei einem kräftigen *Ploughman's Lunch* im Pub oder bei einem eleganten *Cream Tea* in Brown's Hotel lernen wir die Ermittler noch genauer kennen.

Gemäß der These, dass der eigentliche Gesellschaftsroman der Kriminalroman ist, werden wir bei der Lektüre dieser Romane Einblicke in unterschiedliche Schichten der englischen Gesellschaft erhalten, bei diversen Gruppen zu Gast

sein und besonderen Individuen der englischen Gesellschaft einen Besuch abstatten. Wir werden die Bekanntschaft von Detektiven machen, deren Herkunft, deren Interessen und Neigungen und deren Untersuchungsmethoden höchst verschieden, wenn nicht gar gegensätzlich sind, die aber zugleich in ihrer jeweiligen Art fast immer paradigmatisch zu sein scheinen. Sie verkörpern bestimmte Typen von Ermittlern – sei es im Bereich der Polizei, sei es bei den *private eyes* – und repräsentieren damit zugleich eine Typologie jener Personen, deren Engagement einem möglichst friedlichen Zusammenleben in der Gesellschaft gilt.

Zugleich werden wir erfahren, dass Verbrechen zwar immer ähnliche, das heißt in der Natur des Menschen und in seiner gesellschaftlichen Existenz begründete Ursachen haben, die sich mit den Begriffen Liebe und Hass, Gier und Habsucht, Neid und Eifersucht zusammenfassend bezeichnen lassen, dass sie aber im Wandel der Epochen eine unterschiedliche Ausprägung erfahren. Auch davon wird in diesem Buch die Rede sein, wenn der Leser und die Leserin von der unruhigen Zeit der sogenannten »Anarchie« im 12. Jahrhundert über die Regierungsjahre von Queen Victoria im 19. Jahrhundert bis in das ausgehende 20. Jahrhundert, vom Hochadel über den Klerus bis in die Popszene durch das England der Detektive geführt werden.

Vorbemerkung zu den Kochrezepten

Die Mengenangaben beziehen sich im Allgemeinen auf vier Personen (bei den Frühstücksrezepten in Kapitel 1 auf zwei Personen). Wird Zitronen- oder Orangenschale benötigt, sind grundsätzlich unbehandelte Früchte zu nehmen, bei der Verwendung von Petersilie ist die glatte Sorte vorzuziehen, Pfeffer sollte immer frisch gemahlen sein. Butter kann in vielen Fällen (wenn es sich um erhitztes Fett handelt) durch Margarine ersetzt werden. Die angegebenen Koch- und Backzeiten sind flexibel zu handhaben; sie seien, wie auch die Gewürzmengen, der Kocherfahrung und dem Geschmack des Lesers und der Leserin anvertraut.

Queen Victoria und Jack the Ripper

Von London ins Dartmoor

Sherlock Holmes und der Prince of Wales

Fahndung nach Jack The Ripper

Sherlock Holmes und Dr. Watson unterwegs in geheimer Mission. Auch wenn viele es nicht wahrhaben wollen – beide sind literarische Figuren, erschaffen von Sir Arthur Conan Doyle (Originalzeichnung aus *The Strand Magazine*).

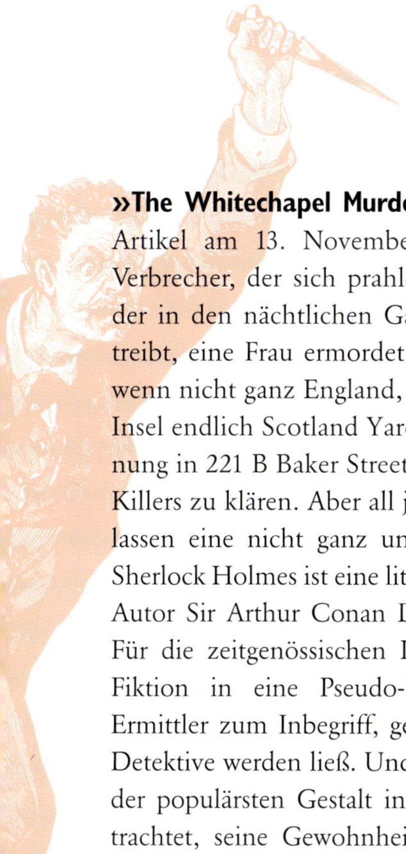

»The Whitechapel Murder« überschreibt die *Times* einen Artikel am 13. November 1888. Wieder hat der brutale Verbrecher, der sich prahlerisch Jack the Ripper nennt und der in den nächtlichen Gassen des East End sein Unwesen treibt, eine Frau ermordet, und nun erwartet ganz London, wenn nicht ganz England, dass der berühmteste Detektiv der Insel endlich Scotland Yard zu Hilfe kommt und seine Wohnung in 221 B Baker Street verlässt, um den Fall des brutalen Killers zu klären. Aber all jene, die diese Erwartungen hegen, lassen eine nicht ganz unwesentliche Tatsache außer Acht: Sherlock Holmes ist eine literarische Figur, erschaffen von dem Autor Sir Arthur Conan Doyle, einem Arzt aus Edinburgh. Für die zeitgenössischen Leser jedoch verwandelte sich die Fiktion in eine Pseudo-Realität, die den scharfsinnigen Ermittler zum Inbegriff, gewissermaßen zum Übervater aller Detektive werden ließ. Und wenn man sich die Persönlichkeit der populärsten Gestalt in der Kriminalliteratur genauer betrachtet, seine Gewohnheiten und Einstellungen analysiert, dann wird auch klar, warum Sherlock Holmes den Fall der »Ripper-Morde« nicht nutzt, um seinen bereits legendären Ruf noch zu vergrößern. Wahrscheinlich war Holmes zu sehr der viktorianische Gentleman des West End, um sich auf das Elend des East End einzulassen.

Wir wollen an dieser Stelle nicht die Biographie von Holmes, an der bereits etliche »Sherlockians« geschrieben haben, erneut verfassen. Interessant zu wissen ist aber, dass Holmes, als Sohn eines Landedelmanns, wie sein Bruder Mycroft die typische Erziehung eines englischen Gentleman genoss. Zwar ist man, was das Leben des jungen Sherlock betrifft, auf Mutmaßungen angewiesen, doch wird man annehmen dürfen, dass er eine Public School besuchte und danach wahrscheinlich in Oxford studierte; anschließend setzte er seine naturwissenschaftlichen Studien unter anderem im Labor des Londoner St. Bartholomew Hospital fort, wo er mit dem Militärarzt Dr. John Watson, seinem späteren Hausgenossen, Chronisten und Freund, zusammentrifft.

Mastermind der Kriminologie

Gemeinsam mit Watson bezieht er eine Wohnung im Westen Londons, in der Baker Street, bei der freundlichen, geduldigen und fürsorglichen Mrs. Hudson, die das zuweilen befremdliche Verhalten ihrer Mieter mit Nachsicht erträgt und die gleichermaßen als Köchin wie als Empfangsdame für das kriminalistische Duo sorgt. Die Wohnung ist recht komfortabel ausgestattet und nach dem Geschmack der Epoche eingerichtet – dunkelrote Tapeten, schwere, rote Vorhänge und mahagonifarbene Möbel bestimmen den Eindruck. Die Zimmer sind nicht sehr groß, das schmale Schlafzimmer von Holmes wirkt spartanisch, doch insgesamt erschien die Wohnung damals wohl hinreichend repräsentativ, um die Klienten angemessen empfangen zu können. Das Heim dient nämlich zugleich als eine Art Praxis, die Holmes als *consulting detective* betreibt, als Privatdetektiv, den verzweifelte Verbrechensopfer oder auch Vertreter von Scotland Yard in besonders schwierigen Fällen aufsuchen. In einem Gespräch mit Watson bezeichnet sich Holmes als letzte und höchste Berufungsinstanz für Kriminalfälle, bei seinen Zeitgenossen gilt er als »Mastermind« der Kriminologie.

Ein Muss für alle Bewunderer des berühmtesten Detektivs von England: das Sherlock Holmes Museum in der Baker Street 221b mit dem rekonstruierten Arbeitszimmer und vielen sehenswerten Memorabilia.

TOBACCO

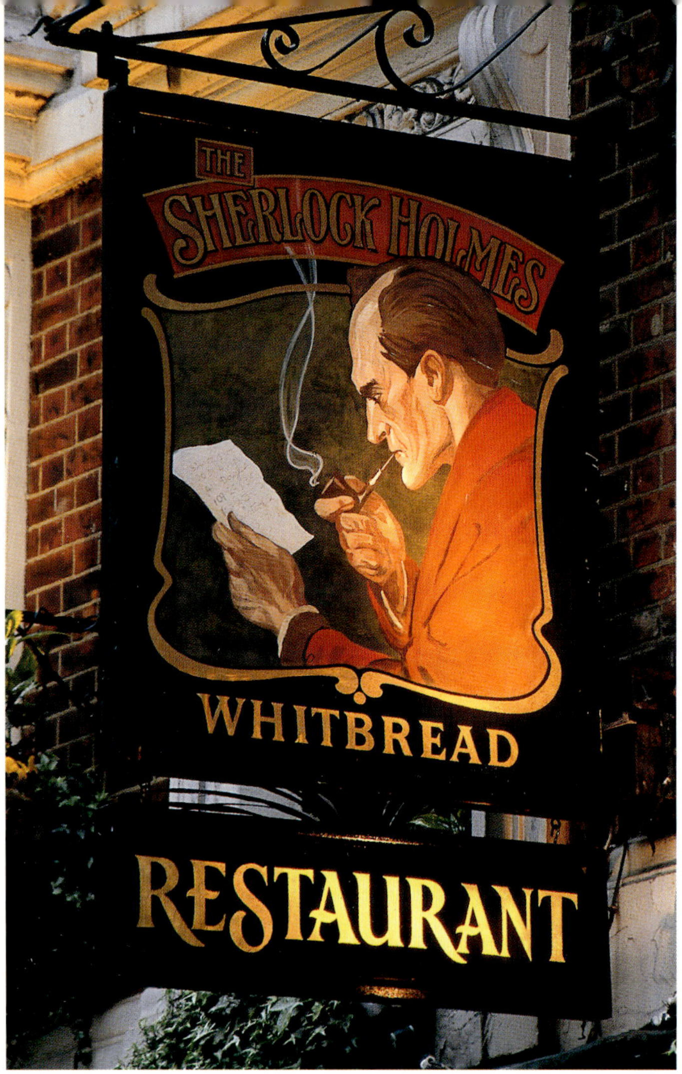

dern die zivilen Helden des ausgehenden Jahrhunderts – Ingenieure und Seefahrer – sowie Kaufleute, Gouvernanten oder Angehörige des Militärs.

So erscheint zu Beginn des Falles SKANDAL IN BÖHMEN ein groß gewachsener, in Pelze und Seide gehüllter, mit Goldketten behängter und somit für den englischen Geschmack etwas theatralisch gekleideter, maskierter Mann bei Holmes, den dieser sehr schnell als den König von Böhmen identifiziert und dem er gelassen und mit der Überlegenheit des Experten begegnet. Mit Nachdruck stellt der Detektiv seinem Helfer Watson gegenüber fest, dass ihn der gesellschaftliche Stand seines jeweiligen Klienten viel weniger interessiere als dessen augenblickliches Problem. Dem englischen Königshaus weiß er sich nicht nur als Untertan, sondern auch als Ratgeber verbunden. Queen Victoria beordert ihn nach Windsor, und ihr Sohn, der spätere König Edward VII., bedient sich ebenfalls über einen Mittelsmann des erfahrenen Detektivs, obwohl er vielleicht selbst diesen Fall hätte klären können. Doch davon später.

Die meisten der Menschen, die bei Holmes Hilfe suchen, wohnen, sofern sie nicht vom Lande kommen, im Westen oder Süden Londons; in die Straßen des East End, in die ärmlichste Gegend der Metropole, muss sich Holmes selten bemühen, und falls er Nachforschungen in diesen Elendsvierteln betreibt, dann zumeist in Fällen, die ihren Ausgang in den vornehmeren Stadtteilen genommen haben. Im kriminellen Koordinatensystem Londons bildet 221 B Baker Street gewissermaßen die moralische Mitte, das Zentrum von Gerechtigkeit und Integrität.

Für den Detektiv ist es außerdem wichtig, dass die Wohnung in der Nähe von Bahnhof (Paddington) und Untergrundstation (Baker Street) liegt, denn seine Fälle machen häufig spontane Reisen in alle Gebiete des Königreiches notwendig, und seine Klienten sollen möglichst schnell den Weg zu ihm finden. Wenn heute jemand Sherlock Holmes aufsuchen möchte und dazu die Untergrundbahn benutzt, findet

Während eines Besuches bei Sherlock Holmes – auch heute noch in der Baker Street möglich, die Nachwelt hat aus dem Haus ein Museum gemacht – kann man in dem Wohnzimmer Platz nehmen, die Räumlichkeit einer Musterung unterziehen und dabei feststellen, dass Mrs. Hudson wohl wieder einmal nach dem Rechten sehen müsste, denn die vielen Besucher (oder sollten es etwa die beiden Junggesellen gewesen sein?) haben für einige Unordnung gesorgt.

Die Baker Street, im Distrikt Marylebone gelegen, war zu Holmes' Zeiten durchaus *fashionable*. In der benachbarten Harley Street haben die Kollegen von Dr. Watson ihre Praxen, und die eleganten georgianischen Häuserzeilen erwecken den Eindruck dezenter Vornehmheit – auch wenn der Charakter der Straße durch die Eröffnung von Ladengeschäften zunehmend kommerzieller wurde. Die Lage zwischen Regent's Park und Hyde Park, die relative Nähe zu Mayfair und Westminster zeigen auch die Verbindung zu jenen Vierteln, in denen manche von Holmes' Auftraggebern residieren. Seine Klienten sind zum einen Repräsentanten des Adels (sogar Angehörige von Königshäusern konsultieren ihn), zum an-

Nur ein Steinwurf entfernt vom »Zuhause« Sherlock Holmes': Paddington Station (oben) und Baker Street Station (unten). Schattenrisse des Detektivs auf den Wandkacheln weisen den Weg zum Ausgang.

BOVRIL
SCHWEPPES
GINGER ALE
BERMALINE
BREAD
SANDEMAN'S
NEW-PIN SOAP
VAN RAALTE
VENUS
MONICO
MAPLES
SAQUI & LAWRENCE
RESTAURANT

er sofort den richtigen Ausstieg, denn bereits unterirdisch weisen zahlreiche (Bild-)Spuren auf den Detektiv: Überall ist dessen Schattenriss auf den Wandkacheln der Station zu erkennen.

Natürlich nutzen Watson und er auch Busse und Mietdroschken, und wenn der Leser die beiden auf ihrer Spurensuche begleitet, muss er sich oft mitten in das Londoner Verkehrsgetümmel stürzen. Ende des vorletzten Jahrhunderts bestimmten zwar noch Pferdefuhrwerke das Londoner Straßenbild, doch die Anzahl an Autos wächst, der Ausbau der U-Bahn geht voran und erleichtert den Verkehrsfluss der Millionenstadt – und damit auch die Möglichkeiten, Straftaten zu planen und zu begehen. Bei dem ABENTEUER MIT DEN BRUCE-PARTINGTON-PLÄNEN, einem Verbrechen, das die Sicherheit des Staates bedroht, wird das Opfer auf dem Dach eines Wagens der Untergrundbahn beiseite geschafft – eine wichtige Spur, die erst Sherlock Holmes entdeckt.

Hinweisen seiner Biographen zufolge ist er als Abkömmling eines Squires auf dem Lande aufgewachsen, und seine Vertrautheit mit ländlichen Gewohnheiten vermag er bei der Spurensuche fern der Hauptstadt überzeugend zu beweisen, doch sein eigentliches Jagdgebiet ist London – weshalb auch der *deerstalker*, die karierte, mit Ohrenklappen versehene Kopfbedeckung, die als sein unverwechselbares Kennzeichen gilt, in der Metropole modisch nicht korrekt gewesen wäre, da sie, zusammen mit dem regenfesten *Inverness Cape*, als die richtige Kleidung für Country und Reise gilt. Erst auf seinen Touren ins Dartmoor ist Sherlock Holmes mit dem Tweed-Outfit passend angezogen.

Die meisten Fälle löst Holmes in London, in der Hauptstadt des Vereinigten Königreiches, des Britischen Weltreiches. Unter der Regierung Königin Victorias wächst sie ständig an Ausdehnung und Einwohnerzahl, sie ist Domizil von Menschen aus allen Kontinenten, die lebendigste Großstadt der westlichen Welt, ein Ort, an dem Adel und Bürgertum, Arbeiter und Obdachlose, Reichtum und soziales Elend gleichermaßen anzutreffen waren. Diese Stadt kennt Sherlock Holmes so genau, als hätte er in allen ihren Bezirken gelebt! Bei rasender Droschkenfahrt durch Vororte benennt er wie ein Reiseführer

Piccadilly Circus, 1910

die gerade passierten Straßen; er kann Häuserreihen einzelner Straßenzüge beschreiben, die Lage von Geschäften oder Theatern präzise angeben und vermutlich einen Plan Londons aus dem Kopf zeichnen – ja er kann sogar die genaue Stelle benennen, von der einige Krumen Londoner Erde stammen, die ein Verdächtiger unter den Schuhen hat.

Diese Fähigkeiten sind natürlich besonders wichtig in einer Stadt, über die sich vor allem in den Herbst- und Wintermonaten Nebel senkt, sodass nur noch der Ortskundige seinen Weg zu finden weiß. Kaum eine andere Eigenheit ist so sehr mit der Vorstellung vom London des vorletzten Jahrhunderts verbunden wie der undurchdringliche Nebel, der in idealer Weise Verbrechen begünstigt, weil er die Verbrecher verbirgt. Und tatsächlich notiert Watson häufig, dass dichter, gelber Nebel über der Stadt liegt. Mal macht dieser es unmöglich, beim Blick aus dem Fenster die gegenüberliegende Seite der Baker Street zu sehen, mal sind die Lampen am »Strand« nur diffuse Lichtkleckse, die einen seltsamen Schein auf die hastende Menschenmenge werfen. Unheil kündigt sich an, Verbrechen drohen, und diese Drohung vermag nicht nur der routinierte Detektiv, sondern auch der gespannte Leser seiner Abenteuer wahrzunehmen.

Exzentriker und Asket

Auch wenn Holmes nicht reich zu sein scheint: Seine Lebensweise ist die eines gut situierten und etwas exzentrischen viktorianischen Gentleman, der seine Verehrung für die Queen dadurch dokumentiert, dass er – entspannt im Sessel sitzend – ihre Initialen V. R. (Victoria Regina) in eine Wand des Salons schießt. Watson allerdings ist von diesem Zimmerschmuck weniger angetan, und auch der Landlady, der Wirtin, dürften die absonderlichen Gepflogenheiten ihres Mieters kaum gefallen haben, obwohl sie von diesem einiges gewohnt ist. Sicherlich wird man ein gewisses Maß an Exzentrik sowohl dem Gentleman wie dem Detektiv zubilligen müssen, wenn man beide als genuines Produkt britischer Lebensart begreift. Zudem, so der sozialkritische Schriftsteller und Dramatiker

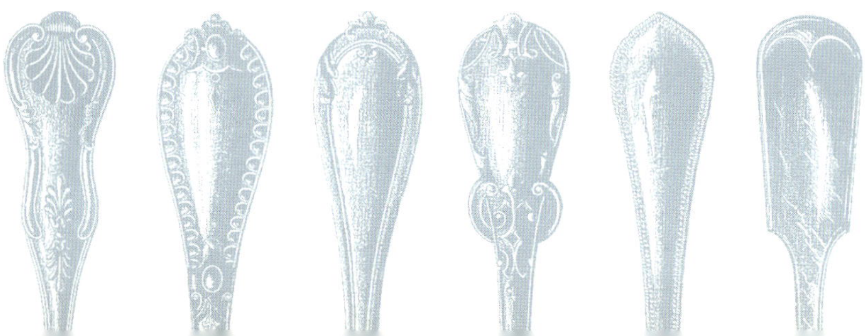

J. B. Priestley, stehe die Zivilisation tief in der Schuld jener zahllosen exzentrischen Gentlemen, die, ihre Steckenpferde reitend, neue Welten erschlossen haben. In dieser Tradition finden wir auch Sherlock Holmes, der bisher unbekannte detektivische Perspektiven eröffnete, indem er wissenschaftliche Denkweisen in die forensische Arbeit übernimmt – sein Labor, seine chemischen Experimente zeugen davon.

Sein Lebensstil ist exzentrisch und asketisch gleichermaßen, und auch das Vergnügen eines guten Essens, mit seinem Wohnungsgenossen Watson oder in einer größeren Gesellschaft eingenommen, gönnt er sich nur von Zeit zu Zeit. Als britischer Gentleman weiß er vor allem ein gutes Frühstück zu schätzen, und dafür sorgt in bewährter Weise zumeist Mrs. Hudson. Sie serviert Tee und Kaffee, in drei zugedeckten Schüsseln Eier und Schinken und sogar ein Curryhuhn. Falls man sich nur auf das Zeugnis von Dr. Watson bezieht, dann scheinen er und sein Freund sich vor allem durch opulente Frühstücke bei Kräften gehalten zu haben; kaum ein Abenteuer, bei dem man nicht – häufig zu ungewöhnlichen Tageszeiten – Speck, Eier und die anderen dazugehörigen Köstlichkeiten zu sich nimmt. Da Holmes der Kochkunst seiner Vermieterin ansonsten aber etwas skeptisch gegenübersteht, sorgt er in besonderen Fällen selbst für eine reich gedeckte Tafel, sofern er mit Watson nicht auswärts speist. So lässt er zum Abschluss des Falles mit dem Junggesellen von Adel von einem Traiteur besondere Delikatessen liefern: einige kalte Schnepfen, einen Fasan, eine Pâté de Fois Gras und mehrere alte, in Spinnweben gehüllte Weinflaschen. Dieses erlesene Mahl ist Watson des Epithetons »epikureisch« würdig.

Wenn Holmes und Watson außer Haus essen, dann gehört *Simpson's-in-the-Strand* zu ihren bevorzugten Restaurants. Nach anstrengenden Ermittlungen, so Holmes, wäre etwas Nahrhaftes bei *Simpson's* sicher nicht fehl am Platze. Und wenn man an die riesigen Braten denkt, die man in diesem Restaurant am Tische des Gastes aufschneidet, wenn man das üppige Angebot der Speisekarte studiert, die von frischen Austern bis hin zu traditionellen englischen Desserts wie *Bread and Butter Pudding* vieles bereithält, dann dürften auch die hungrigsten Detektive hier zufrieden gestellt werden. *Simpsons's* hat noch heute mit dem dunklen Mobiliar, den holzverkleideten Wänden und

Simpson's-in-the-Strand, 1828 gegründet, geprägt von der Aura eines distinguierten Privatclubs, die die Besucher auch heute noch zu schätzen wissen.

den abgeteilten Nischen, in denen man ungestört dinieren kann, die Aura eines distinguierten Clubs, und so erstaunt es nicht, dass der Gentleman-Detektiv hier besonders gern speist.

Manche seiner Abenteuer führen Holmes aus London heraus; eines seiner bekanntesten besteht er, um das Geheimnis des Hundes von Baskerville zu enträtseln, der nachts im Dartmoor sein Unwesen treibt. Watson und Holmes machen sich getrennt auf den Weg nach Devon, und ihre Reise beginnt am Bahnhof Paddington.

Kaum eine Landschaft Englands wirkt geheimnisvoller als das Dartmoor, mit seinen ausgedehnten Heideflächen, auf denen riesige granitene Steingebilde aus der Vorzeit weithin sichtbare Markierungen setzen, und den tückischen Moorgebieten, die nur ein kundiger Einheimischer überqueren kann, ohne für immer zu versinken. Es gibt wenige schmale, mühsam befahrbare Straßen, an denen hohe Steinmauern oder Hecken die Sicht nehmen; und zu allen Jahreszeiten Regen in unterschiedlicher Heftigkeit und Nebel in unterschiedlicher Dichte. In dieser Einöde, in der einige kleine graue Dörfer, farbig nur durch die Blumenpracht ihrer Gärten, der Witterung trotzen, hatte man 1809 begonnen, ein Zuchthaus zu bauen. War es anfangs nur für Gefangene aus den napoleonischen Kriegen bestimmt, wurde es später zur meistgefürchteten Strafanstalt der Insel für die meistgefürchteten Verbrecher der Insel: *Dartmoor Prison*, beschrieben als *Halfway to Hell.* Ein strenges Regiment sollte Ausbrecher abschrecken – Auspeitschungen mit der neunschwänzigen Katze waren nicht selten –, und dennoch gelang Gefangenen die Flucht. Noch heute steht das große, graue, beängstigende Gebäude nahe der Ortschaft Princetown, und noch heute wird es als *HM Prison (Her Majesty's Prison)* genutzt.

Eine der geheimnisvollsten – und, bei entsprechender Wetterlage, schaurigsten Landschaften Englands: das Dartmoor im Südwesten der Insel.

In dieser unheimlichen Landschaft, unter der Bedrohung durch einen entflohenen Gewaltverbrecher, klärt Holmes mit der Hilfe Watsons das Geheimnis des mysteriösen Hundes von Baskerville, der mit schaurigem Geheul nachts über das Moor streift und bereits, so glaubt man jedenfalls, Sir Charles Baskerville getötet hat. Ein Monster scheint dieses Tier zu sein, dessen Fell im Dunklen leuchtet und das auch den Erben von Baskerville bedroht. Es bedarf schon der Kombinationskunst von Sherlock Holmes, um das Untier als Hund zu entlarven, dessen Fell mit Phosphor bestrichen wurde, damit eine Verschwörung gegen den Erben wirkungsvoll in Szene gesetzt werden konnte. Kurz vor dem Ende der Ermittlungen kündigt sich Inspector Lestrade von Scotland Yard an, der wie so häufig nur noch den Erfolg des Meisterdetektivs registrieren kann.

Seine Hoheit ermittelt

Sowohl Sherlock Holmes wie Lestrade haben sich um die englische Krone verdient gemacht, und beide konnten besonders dem Prince of Wales, dem späteren König Edward VII. zu Diensten sein. Beide wussten aber wahrscheinlich nicht, dass der Thronfolger selbst sich als Detektiv betätigt hat. Dies jedenfalls behauptet der Kriminalautor Peter Lovesey, der vorgibt, die im königlichen Archiv unter Verschluss liegenden Aufzeichnungen des Prinzen zu veröffentlichen. Zwar sind von Albert, Prince of Wales, beziehungsweise »Bertie« diverse Aktivitäten überliefert, mit denen er sich die lange Wartezeit bis zur Thronbesteigung zu vertreiben wusste, aber dass er kriminalistische Aufklärung betrieb, seinerseits Enthüllungen zuweilen fürchtend, war unbekannt.

Zu Beginn des ersten Bandes seiner – fiktiven – Erinnerungen mit dem Titel SEINE HOHEIT, DER DETEKTIV erklärt und rechtfertigt der Kronprinz seine ungewöhnliche Nebentätigkeit: Der mysteriöse Tod des populärsten Jockeys der damaligen Zeit war für den begeisterten Sportsmann und Rennstallbesitzer ein Motiv, sich der Angelegenheit anzunehmen. Am Frühstückstisch in Sandringham erfährt Bertie von dem Ereignis und macht sich auf nach Newmarket, wo er – als passionierter Turfbesucher – im Jockeyclub fast zu Hause ist. Dieses »Daheim-Gefühl« mag auch dem Umstand zuzurechnen sein, dass die Köchin des Clubs den Lieblingsgang seines Frühstücks am besten zubereiten kann; Bertie schätzt nämlich *bloater*, einen leicht gesalzenen und geräucherten Hering.

Der Fortgang seiner Untersuchungen wird zuweilen dadurch beeinträchtigt, dass die hoheitsvolle Sicherheit seines

Umjubelter Auftritt beim Pferderennen: Der Prince of Wales, der spätere König Edward VII., mit seinem siegreichen Ross.

Auftretens nicht immer zu den Rollen passt, die er im Interesse der Aufklärung übernehmen muss: sei es, dass man ihn in seinem feierlich-dunklen Outfit für den Leichenbestatter hält, sei es, dass er – zwar unfreiwillig, aber sich königlich amüsierend – zum Mitwirkenden in einem viertklassigen East End Varieté wird. Als Gentleman zeigt er sich jedoch fast allen Situationen gewachsen, selbst der Begegnung mit dem Mörder und einem erzwungenen Bad in der Themse.

Sehr viel schwieriger ist es aber für Bertie, das Misstrauen und die Skepsis von Prinzessin Alexandra, seiner Gemahlin, zu ertragen: Misstrauen, weil er eine ausgeprägte Neigung zu außerehelichen Eskapaden und Nächten in fremden Betten hat, und Skepsis, weil Alexandra Berties detektivische Fähigkeiten realistischer einschätzt als er selbst. Wenn wir also den Prinzen auf nächtlichen Unternehmungen begleiten, können wir nicht wissen, ob die Exkursion in dem Rencontre mit einem Verbrecher oder mit einer Angebeteten endet (SEINE HOHEIT UND DIE SIEBEN LEICHEN).

Bertie ist recht eigentlich der wahre viktorianische Gentleman-Detektiv; er übersteht auch schwierige Situationen mit würdevoller Contenance, lebt als Schwerenöter vorbildlich nach den Regeln der herrschenden Doppelmoral und ist ein anerkannter Sportsmann – wenngleich diese Anerkennung wohl nur noch der Haltung, weniger den sportiven Fähigkeiten des wohlbeleibten Bonvivants gelten kann. Mögen seine detektivischen Nachfolger auch weniger königlich sein – von Adel sind manche und Gentlemen allzumal.

Sherlock Holmes als Genießer

Sherlock Holmes hat, trotz seines asketischen Lebensstiles, eine feine Zunge und einen sensiblen Gaumen. Ganz besonders liebt er das *Breakfast*, das ihm, und oft auch Watson, in der Baker Street von Mrs. Hudson bereitet wird, die als Schottin viel von Frühstück versteht, wie Holmes lobend bemerkt.

Holmes steht manchmal sehr früh (vor 7 Uhr) auf, oft aber recht spät (gegen 11 Uhr), besonders wenn er die halbe Nacht durchgearbeitet hat. Dann raucht er zuerst, noch bevor er etwas isst, eine Pfeife (häufig mit den Tabakresten vom Vortag) und trinkt eine Tasse Kaffee (selten Tee). Mrs. Hudson serviert nun ein herzhaftes Frühstück, das ihn für den Tag stärken soll und oft den Lunch ersetzt.

(Die folgenden Rezepte sind für 2 Personen bestimmt.)

Übergrillte Grapefruit

1 Grapefruit
2 EL brauner Zucker
1/2 TL Ingwerpulver
2 TL Honig

Frucht halbieren, Fruchtfleisch segmentieren. Zucker mit dem Ingwerpulver mischen, die Grapefruithälften damit bestreuen, über jede Hälfte einen Teelöffel Honig träufeln. 2-3 Minuten unter den Grill schieben, bis die Oberfläche braun wird.

Eier werden in der Baker Street manchmal in besonderer Form serviert, zum Beispiel als Eier mit Schießpulverbutter in Anspielung auf Holmes' Gewohnheit, Schießübungen im Wohnzimmersessel zu veranstalten:

Eggs with Gunpowder Butter

4 Eier
4 EL Butter
4 TL Sherry

In einer Pfanne mit 1 EL Butter vier Spiegeleier braten und diese auf zwei heiße Teller gleiten lassen. Die restliche Butter in der Pfanne erhitzen, bis sie anfängt, braun zu werden. Mit dem Sherry ablöschen und über die Eier gießen.

Kedgeree

250 g geräucherter Schellfisch
(oder Lachs oder Schillerlocken)
100 g gekochter warmer Langkornreis
2 hart gekochte Eier
2 TL Madrascurrypulver, etwas Cayennepfeffer, Salz
1 TL abgeriebene Zitronenschale
1 EL Zitronensaft, 2 Lorbeerblätter
40 g Butter in Stückchen, 200 ml Sahne
1 EL gehackte Petersilie
1/2 Zitrone

Backofen auf 180 Grad vorheizen. Den Fisch in 3 cm dicke Würfel schneiden. In einer Pfanne je 125 ml Milch und Wasser mit Zitronenschale und Lorbeerblättern erhitzen, den Fisch hinzugeben und sachte bei kleiner Hitze knapp gar ziehen

lassen (etwa 5 Minuten). Fischstücke mit einem Schaumlöffel aus der Flüssigkeit nehmen und etwas zerteilen. In einer großen Schüssel den Reis, die in kleine Würfel geschnittenen Eier (Eiweiße und Eigelbe getrennt klein hacken), den Fisch, Curry, Pfeffer, Salz und Zitronensaft vorsichtig vermengen. Die Mischung in eine große, flache, gut gebutterte feuerfeste Auflaufform geben, Sahne darüber gießen, Butterflöckchen darauf verteilen und etwa 20 Minuten im Ofen backen. Herausnehmen, nochmals ein paar Butterflöckchen darauf verteilen und mit Zitronenachteln und gehackter Petersilie garniert servieren.

Nierchen

4 Nieren vom Lamm
30 g Butter, 1 mittlere Zwiebel
1 TL englisches Senfpulver, 20 g Mehl
1 EL Worcestershiresauce, 1 EL Tomatensauce
150 ml Fleischbrühe
Salz und Zucker nach Belieben

Die gesäuberten Nieren (Haut und Inneres entfernen) in 1/2 cm dicke Scheiben schneiden. In einer Bratpfanne die Butter erhitzen, darin die Zwiebeln Farbe annehmen lassen, dann die Nierchen dazugeben und anbraten, bis eine braune Kruste entsteht, kurz weitergaren lassen. Nieren aus der Pfanne nehmen und beiseite stellen. Senfpulver und Mehl in den Bratfond geben und unter Rühren rösten, bis das Mehl goldbraun ist. Worcestershiresauce, Tomatensauce, Brühe, Salz und etwas Zucker hinzufügen, glatt rühren, zum Kochen bringen, Hitze herunterschalten, die Nieren in die Sauce geben und 8-10 Minuten auf kleinem Feuer köcheln lassen. Mit in schmale Streifen geschnittenem Toast servieren.

Zum Frühstück in Baker Street gehören selbstverständlich auch *Porridge, Toast, Orange Marmelade* und diverses Gebäck wie etwa *Oatcakes, Scones, Brioches.* Den ganzen Tag über können sich Holmes und Watson sowie eventuelle Besucher an dem berühmten Sideboard in Holmes' Wohnzimmer bedienen, auf dem neben Siphon und Whiskeyflasche, Gläsern und Zigarrenkiste auch immer leckere Gerichte stehen, die Mrs. Hudson für ihren Mieter vorbereitet und deren Verzehr dieser seiner jeweiligen Arbeitssituation anpassen kann. So tischt sie zum Beispiel *kaltes Roastbeef, Meerrettichsauce, Oystercocktail, pikante gefüllte Zitronen, Cheddarsalat, kaltes gebratenes Moorhuhn, Pâté de Foie Gras, Tomatencocktail, Stilton und Portwein, Apple Pie oder Mandelpudding* auf. Auch warme Gerichte werden auf Wunsch bereitet und auf dem Sideboard bis zum Verzehr auf Stövchen warm gehalten. Daneben steht immer eine Batterie alter, edler Weine bereit.

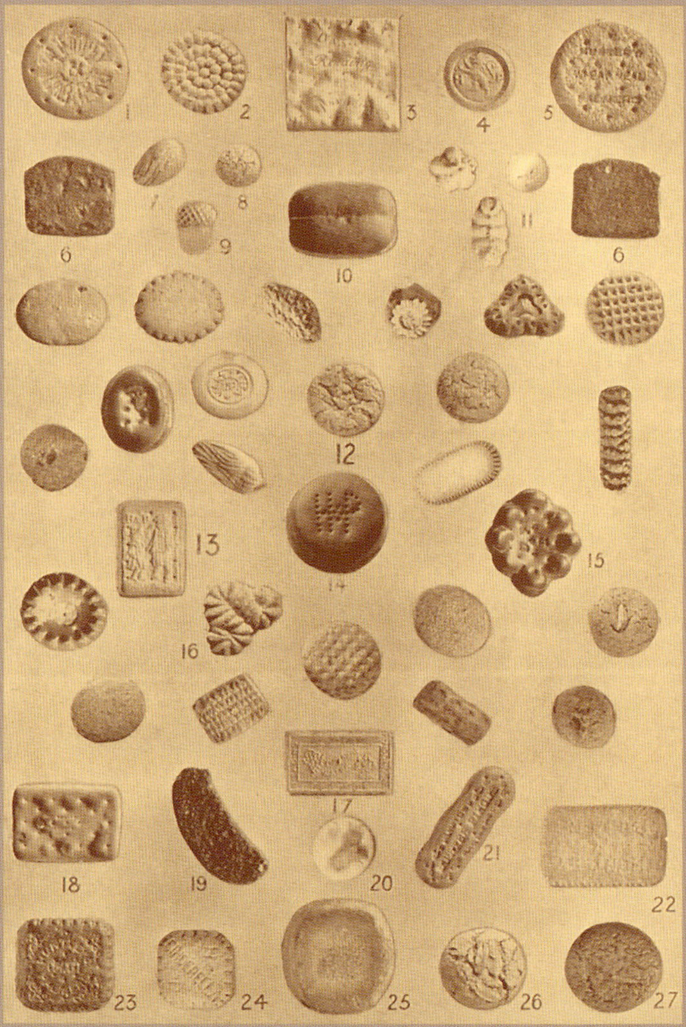

Adel verpflichtet

Mord in besseren Kreisen

Lord Peter Wimsey und seine Standesgenossen

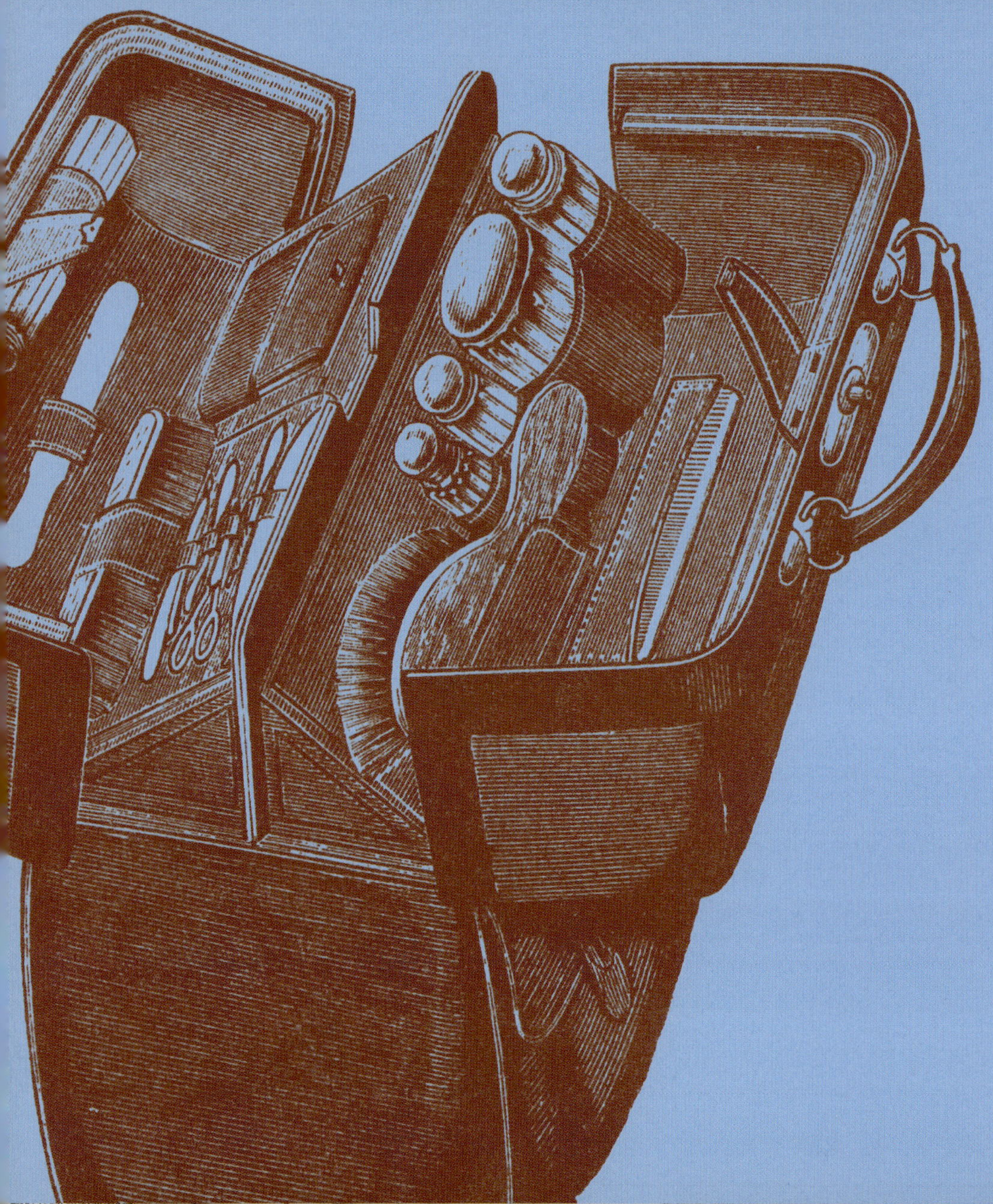

Im Badezimmer eines Gentleman.

»Guten Morgen, Mylord, das Bad ist bereit. Einen schönen Tag werden wir heute haben«, sagt Bunter, der Butler, während er die Vorhänge im Schlafzimmer seines Herrn aufzieht und Lord Peter Wimsey an einem viel versprechenden Junimorgen weckt. Viel versprechend ist für den adligen Amateurdetektiv ein Tag immer dann, wenn ein interessanter Fall, eine aufregende Ermittlung oder auch nur der Besuch in einem Antiquariat oder bei einer Buchauktion auf ihn warten.

Lord Wimsey schwingt sich aus dem Bett und streift einen Morgenmantel mit unnatürlich farbenfrohem Pfauenmuster über seinen Seidenpyjama, dessen Primelgelb mit dem Gelb der Morgensonne konkurriert. Durch die offene Tür des Badezimmers kräuseln sich ihm die Dampfwölkchen des eingelassenen Wassers entgegen, und der Duft des Badeöls stimmt ihn auf einen genussvollen Tagesbeginn ein – so genussvoll, dass der Geruch von Speck zum Frühstück stören würde und nur buttergelbe Rühreier genehm sind. Dazu gibt es Kaffee, den Bunter exquisit zuzubereiten versteht – Tee wird morgens höchstens im Notfall akzeptiert. Erfrischt und gestärkt kann sich nun der »Sherlock Holmes der großen Gesellschaft«, wie ihn Dorothy L. Sayers nennt, an sein detektivisches Tagewerk machen.

Ein Gentleman und Detektiv

Der zweite Sohn des Herzogs von Denver lebt in einer luxuriösen Wohnung Piccadilly 110 A, auf der Grenze zwischen Mayfair und St. James, mit Blick auf den Green Park, und wenn sein direktes Gegenüber, der Buckingham Palast, näher läge, könnte er der königlichen Familie in ihre Gemächer sehen. Eine Adresse in Mayfair zu haben, ist besonders *fashionable* und für Adelige, die auch in der Stadt einen Wohnsitz haben wollen, nahezu unabdingbar. War zu Beginn des 19. Jahrhunderts Mayfair noch eine Wohngegend, in der Aristokraten und Künstler bunt gemischt miteinander lebten, wuchs im Laufe der Jahre der Anteil adeliger Residenten unter den Bewohnern. Diese hielten streng auf die Exklusivität ihres Quartiers, und sie sahen dessen östliche Begrenzung eher in der Bond Street als in der Regent Street, weil letztere – zu nahe an Soho – den Rang der Gegend gemindert hätte. Seinem Vermögen, seinem Geschmack und seinen Interessen

BOOKS
Telephone:
01-435-0614

entsprechend hat Wimsey sein Heim erlesen eingerichtet. Nicht nur die Bibliothek, auch das Wohnzimmer ist ringsum mit Bücherregalen ausgestattet; an den Wänden hängen einige wertvolle Drucke, und auf dem Boden liegt ein Aubusson-Teppich. Vor dem Kamin ein großes Chesterfield-Sofa und braune Ledersessel, Sèvres-Vasen auf dem Kaminsims, gefüllt mit goldenen Chrysanthemen. Ein kleiner Tisch mit einem silbernen Teeservice vervollständigen den Eindruck eleganter Gemütlichkeit.

Ein Eldorado für Bücherfreunde: Dutzende von Antiquariaten und Buchhandlungen reihen sich in Charing Cross Road und Cecil Court aneinander.

Besuchern, die voller Bewunderung auf die Bücherwände schauen, erklärt der Lord, Bücher seien sein Steckenpferd – und natürlich Verbrechen, doch die seien nicht so »dekorativ«. Mit diesem für ihn typischen Understatement erweckt Wimsey den Eindruck, als sammle er Bücher nur zu Dekorationszwecken. Die Komplettierung seiner Bibliothek liegt ihm jedoch mindestens so sehr am Herzen wie die Verbrecherjagd – zuweilen, so scheint es, noch ein wenig mehr, denn in den Besitz seltener Bücher kommt der Sammler manchmal auch nur nach aufregender Jagd. Obendrein ist der Erwerb von Büchern für den größten Teil des gebildeten englischen Publikums ein Lebens-, nicht ein Luxusbedürfnis, wie die Landeskunde eines deutschen Autors von 1926 fast neidisch feststellt. Die Anschaffung einer Büchersammlung ist für jedermann in England, der Wert auf Bildung legt, unerlässlich, und es gehört in der gehobenen Gesellschaft zum guten Ton, Neuerscheinungen sofort zu kaufen und für alle sichtbar im Salon auszulegen.

Mitten in London lebend, wo man überall auf Buchhandlungen und Antiquariate stößt, befindet sich Wimsey im Elysium eines Bibliophilen. Wenn er seine Wohnung verlässt und auf die Straße tritt, wendet er sich nach links und kann bereits bei einem Abstecher in die Sackville Street in Buchauslagen schauen oder gleich einen Laden betreten, den Blick die hohen Regale hinauf gleiten lassen und den Geruch alter Ledereinbände schnuppern. *Sotheran* ist seit etwa 200 Jahren ein Geschäft für antiquarische Bücher, das – so wird gesagt – die Bibliotheken von Laurence Sterne und Charles Dickens aufgekauft hat und insofern immer Gewähr für eine Trouvaille bietet. Weiterschlendernd erreicht Wimsey in kurzer Zeit die Charing Cross Road und dann Cecil Court, eine der aufregendsten Straßen für Bibliophile, in der ein Antiquariat neben dem andern seine Schätze ausstellt und den *Book-Hunter* in wahre Tantalusqualen stürzt.

Wimsey, selbstkritisch und zurückhaltend, selbstbewusst und uneitel, würde sich nie als gut aussehend bezeichnen, obwohl er eine Attraktivität besitzt, die nicht nur auf die

Mütter unverheirateter Töchter wirkt und die ihm etliche diskret gestaltete Affären einträgt. Die Beschreibung, die er durch Dorothy L. Sayers erfährt – langes, schmales, liebenswürdiges Gesicht, fliehendes Kinn, glatt zurückgekämmtes, flachsblondes Haar – scheint einen recht kühlen Mann zu charakterisieren, doch das Äußere täuscht über eine dezent ausgelebte Sinnenfreude hinweg. Lord Wimsey ist durchaus empfänglich für die Genüsse des Lebens. Zu deren schönsten rechnet er, wohl nur für Bibliophile und Gourmets nachvollziehbar, die intensive Buchlektüre und ein delikates Essen in Gesellschaft. In seinem Club ist er bei Küchenchef und Kellner für seine feine Zunge berühmt, und wenn Wimsey Gäste hat, sorgt Bunter für ein exzellentes Mahl.

Falls er aber eine Zeugin zum Lunch oder Dinner einladen möchte, dann bevorzugt er die klassischen Restaurants Londons, die eine genuin englische Küche ebenso bieten wie ein elegantes Ambiente. Die Schwester eines Mordopfers führt er zu *Simpson's-in-the-Strand*, und während er und Pamela Dean im oberen Stock – nur dort waren damals Damen zugelassen – Braten und Stachelbeertorte genießen, kann ihr Verfolger, ein eifersüchtiger Verehrer der jungen Frau, seinem Essen keinen Geschmack abgewinnen. Die detaillierten Bierangebote des Kellners enervieren ihn, und der Hauptgang – Hammelrücken mit Johannisbeerkompott und Röstkartoffeln – ruft bei ihm geradezu Ekel hervor. Angewidert schnippelt er an »Londons bestem Hammelrücken« herum, der ihm von einem großen Servierwagen gereicht wird (MORD BRAUCHT REKLAME).

Eine andere junge Dame nimmt Wimsey mit zu *Rules*, dem nach eigenem Bekunden ältesten Restaurant Londons, da 1798 gegründet. Dort lässt er Miss Murchison ein erlesenes Mittagessen servieren. »Erlesen« kann bei *Rules* nur bedeuten,

Für Fremde von außen nicht immer zu erkennen und zudem selten zugänglich: private Clubs.

dass die besten Erzeugnisse aus englischen Gewässern und englischen Wäldern auf den Tisch kommen – *Freshwater & Seafish* und *Feathered and furred game* finden sich noch heute auf der Karte. Während der Saison wird seltenes Wildgeflügel angeboten wie *Blackgame* (Schwarzes Rebhuhn), *Ptarmigan* (Schneehuhn) oder *Widgeon* (Pfeifente), die nach Angaben der Speisekarte von *Rules'* eigenen Ländereien kommen. Zum Dessert kann man landestypische Spezialitäten bestellen wie *Treacle Sponge Pudding with Custard* oder *Trifle*. Zum Abschluss dann gibt es für Menschen, die so etwas zu schätzen wissen – und seine Lordschaft ist ein solcher Mensch – einen besonders guten, alten Cognac.

Wenn das Essen außergewöhnlich sein soll, dann lädt Wimsey ins *Savoy* ein, obwohl das *Ritz*, schräg gegenüber seiner Wohnung, viel günstiger für ihn läge. Jenes Luxushotel an der Themse, eingeweiht 1908, war von Beginn an berühmt

für die herausragende Qualität seiner Mahlzeiten, denn immerhin war Auguste Escoffier längere Zeit verantwortlich für die Küche. Auch galt das Savoy während vieler Jahre als *der* Treffpunkt der eleganten Welt. Ein Dinner mit Blick auf die Themse und sanfter Orchestermusik im Hintergrund, vielleicht nach einem Theaterbesuch im West End, gehörte zu den Fixpunkten gesellschaftlichen Lebens, denen sich auch Wimsey zuweilen verpflichtet fühlt. Und so ist es nicht verwunderlich, dass der Lord von seiner Begleiterin gebeten wird, seinem Ruf als Feinschmecker gerecht zu werden und, über die Spezialitäten des Hauses informiert, einen Menüvorschlag zu machen. Um den Gourmet Wimsey noch etwas besser kennen zu lernen, hören wir dem Gespräch zu, das er, dem Diner-Problem mit wissenschaftlicher Gründlichkeit zu Leibe rückend, mit dem Ober führt.

»Austern musgrave – eigentlich bin ich gegen gebratene Austern –, aber dieses Gericht ist so ausgezeichnet, dass ich mit gutem Gewissen eine Ausnahme machen kann. Die Austern werden mit kleinen Speckscheiben gebraten, Miss Dorland. Wollen wir das versuchen?

Vorher natürlich echte Schildkrötensuppe. Als Fisch nehmen wir Seezunge, aber nur einen Happen, gleichsam als Bindestrich zwischen dem Vorspiel und der Haupthandlung.«

»Das klingt sehr verlockend. Was ist denn die Haupthandlung?«

»Ich dachte an gebratenen Fasan mit Kartoffeln à la Byron. Dazu etwas Salat. Und, Ober, sorgen Sie dafür, dass der Salat ganz frisch ist. Zum Abschluss Omelette soufflé.«

Auch wer zum Fasan keinen Salat nehmen würde – schon gar nicht in Anbetracht des exzellenten Weines, den Wimsey wählt – muss dennoch die Zusammenstellung der Speisen anerkennen. Bei der Wahl des 1. Ganges dürfte er mit dem Schriftsteller Oscar Wilde übereinstimmen, der sich in *De Profundis* an die exzellente Schildkrötensuppe im Savoy erinnert. Ein gutes Essen vermag Lord Wimsey immer in beste Laune zu versetzen, und wenn dann noch ein exquisiter Wein das Essen begleitet, sei es ein Chevrey-Chambertin zu Rebhühnern, sei es ein Haut-Brion zu einem Rumpsteak, dann ist die Welt des Gourmets die schönste aller Welten.

Der adelige Gentleman fährt natürlich auch das standesgemäße Auto: entweder, so jedenfalls das Statement des Herzogs von Bedford, ein *sehr* kleines oder ein *sehr* großes. Lord Wimsey fährt ein sehr großes, eines der exklusivsten (und teuersten) seiner Zeit, einen Daimler. Das Werk in Coventry, seit 1896 Fabrikant technisch hochwertiger Fahrzeuge, zum Teil Zulieferungen von Daimler aus Deutschland produzierend, erhielt um 1930 königliche Patronage, die den außer-

Englische Werbeschrift aus den 1930er Jahren für den neuen »Daimler«.

gewöhnlichen Automobilen ein zusätzliches Flair verlieh, denn immerhin wurden sie von König George V. und Königin Elizabeth geschätzt. Wimseys Wagen, ein Daimler Double Six, ist ein schneller Zwölfzylinder mit 150 PS aus mehr als 7 Litern Hubraum, der weite Strecken spielend überwindet und kleinere »Privatrennen« mühelos gewinnt. Übrigens: Es gibt eine bestechende Erklärung für die Wahl dieses Wagens und anderer Luxusartikel im Besitz seiner Lordschaft. Selbstironisch beschreibt Dorothy L. Sayers die Motive, die sie veranlassten, Wimsey mit bestimmten Besitztümern auszustatten. Es machte ihr Vergnügen, sein Vermögen für ihn auszugeben: Hatte sie kein Geld für den Bus, schenkte sie ihm den Daimler, hatte ihr kleiner Teppich ein Loch, bekam der Lord einen Aubusson.

Clubs und Cricket

Doch ist der Adelige nicht der Genussmensch, der seine Zeit mit zahlreichen Hobbys vertändelt und gewissermaßen nebenher auch Detektiv spielt. Sein Vermögen schafft ihm zwar die Möglichkeiten zu einem luxuriösen Lebensstil, aber er ist sich gleichzeitig seiner moralischen wie sozialen Verantwortung bewusst. Die Erlebnisse in den Schützengräben, die körperlichen wie seelischen Verwundungen haben Narben hinterlassen und Wimseys Verständnis für die Gefühle, für die Sorgen und Nöte anderer verstärkt. Die Zeit nach dem *Great War,* dem Ersten Weltkrieg, anfangs scheinbar mit wirtschaftlichem Aufschwung verbunden, wurde bald von der Rezession bestimmt, was für zahlreiche Briten den Verlust von Arbeit, Besitz und Ansehen bedeutete. Soldaten und Offiziere kehrten von den Schlachtfeldern Flanderns heim und erwarteten, wenn schon nicht mit besonderen Belohnungen bedacht, so

doch wenigstens für ihren Einsatz nicht ins soziale Abseits gestellt zu werden. Politische Konstellationen fügten sich neu, und Kommunisten wie Anarchisten, die im 19. Jahrhundert als politische Emigranten vom Kontinent auf der Insel geduldet wurden, gewannen jetzt auch englische Weggenossen.

Lord Wimsey wird bei seinen Ermittlungen ständig mit den Folgen des Krieges für die englische Gesellschaft konfrontiert. Im Bellona-Club muss er den Tod eines alten Herren klären, der – so scheint es anfangs – einem Herzleiden erlegen ist (ÄRGER IM BELLONA-CLUB). Doch da es um ein bedeutendes Erbe geht, sind seine Söhne, beide Kriegsheimkehrer, plötzlich des Mordes verdächtig. Einer von ihnen geht einer – zwar ehrbaren, aber wenig renommierten – Arbeit als Autoverkäufer nach und lebt im Übrigen vom Verdienst seiner Frau. Wimsey bietet ihm finanzielle Unterstützung an, die jener allerdings, nicht ohne Selbstachtung, ausschlägt. Als Täter wird ein anderer Ex-Offizier, der Arzt des Clubs, überführt, der standesgemäß mit einem Revolver die Konsequenzen zieht. Besonders verächtlich erscheint in den Augen der distinguierten Clubmitglieder das Faktum, dass die zur Verschleierung der Tat notwendigen Manipulationen nur deswegen unbemerkt blieben, weil ein außergewöhnlich patriotischer Augenblick missbraucht wurde. Gerade zu dem Zeitpunkt, an dem ganz England am *Armistice Day* des Waffenstillstandes vom 11. November 1918 gedenkt, wurde der Leichnam des alten Generals durch den Club getragen. Die Tatsache, dass dessen Jackettrevers nicht mit der obligatorischen papierenen Mohnblume geschmückt ist, gilt Wimsey im Übrigen als wichtiges Indiz für den Verlauf der letzten Stunden im Leben des Ermordeten.

Bei der Aufklärung des Mordes an einem Werbetexter kommt Wimsey in engen Kontakt mit jenen Kreisen, die die Erleichterung darüber, dass sie den Krieg unversehrt überstanden haben, zu exzessiven Vergnügungen verführt (MORD BRAUCHT REKLAME). Bei nächtlichen Feiern genießt man Cocktails und Kokain gleichermaßen und lässt sich auch nicht dadurch den Partyspaß verderben, dass die Gesellschaften teilweise nur durch dunkle Machenschaften finanziert werden können. Junge Damen der *Jeunesse dorée*, deren Gefühle der Langeweile nur noch übertroffen werden von denen der Sensationslust, machen Wimsey vergeblich Avançen – er empfindet nur strenges Mitleid wie für ein ungeratenes Kind.

Die kriminalistischen Probleme, die Wimsey zu bewältigen hat, ergeben sich zwar nicht immer in adeligen Kreisen, aber stets in solchen, denen er – wenn schon nicht als Lord, so doch als Eton-Boy und Oxford-Absolvent – zugehörig ist oder wo er als solcher besonderen Respekt genießt. In Pyms Werbeagentur akzeptieren ihn seine Kollegen auf Zeit als Mitstreiter im Anzeigengeschäft und haben höchstens die Vorbehalte, die sich entweder aus ihrem Besuch einer weniger exklusiven Schule oder aus einem Examen an der konkurrierenden Universität Cambridge ergeben. Da Wimsey aber auch in der genuin britischen Sportart Cricket exzelliert – seine Naturbegabung dafür hatte man in Eton entdeckt –, kann er bei dem jährlichen Cricketmatch der Agentur nicht nur entscheidend zum Sieg beitragen, sondern zugleich wichtige Hinweise auf den Mörder entdecken. Zu Beginn des Spiels ist er bemüht, sein Können nicht allzu deutlich werden zu lassen. Der Spielführer hat Wimsey als neunten Schlagmann der elfköpfigen Mannschaft aufgestellt – eine Position, die schwächeren Spielern vorbehalten bleibt. Doch dann trifft ihn ein Ball schmerzhaft am Ellenbogen, er vergisst seinen Vorsatz, und mit der Zurückhaltung ist es vorbei: In einer wilden Aufholjagd erzielt er durch raffinierte, überlegt platzierte Schläge Punkt um Punkt und verschafft seinem Team den Sieg.

Als geborener und erzogener Gentleman kennt sich Lord Wimsey in fast allen Bereichen des gesellschaftlichen Lebens aus, und die jeweiligen Spielregeln – sei es auf dem Cricketfeld oder in den Räumen eines Clubs – sind ihm geläufig. Natürlich ist auch er Mitglied verschiedener privater Clubs, die er aufsucht, wenn er mit Bekannten speisen oder in Gesellschaft allein sein will. Seine Wohnung liegt im Norden jener Gegend, die wegen der dichten Ansiedlung zahlreicher Clubs zuweilen auch als »Clubland« bezeichnet wird. An Pall Mall und St. James Street reiht sich fast ein Clubgebäude an das andere, und der Bellona-Club, den auch Wimsey regelmäßig aufsucht, liegt wie seine Wohnung am Piccadilly.

Im Club findet der Gentleman jene Behaglichkeit vor, die ihm diese Institution zu einem zweiten Zuhause werden lässt: An der Bar kann er sich auf das – leider nicht immer gute – Essen einstimmen, in der Bibliothek ist Ruhe obligatorisch, weshalb sie für schläfrige Meditationen besonders geeignet ist, und wenn er nicht im ledernen Lesesessel, sondern im Bett schlafen möchte, kann er sich in ein eigenes Zimmer zurückziehen. Anders als manche seiner Standesgenossen sieht Lord Wimsey das Clubleben durchaus kritisch, und vielleicht müsste er sogar mit einem Ausschluss rechnen, wenn der Clubmanager seine ironischen Anmerkungen hören würde, mit denen er seinen Empfang durch ein junges Mitglied kommentiert. Von diesem mit den Worten begrüßt: »Was wollen Sie denn ausgerechnet hier in diesem Leichenhaus«, erwidert Wimsey liebenswürdig: »Sagen Sie wenigstens Trauerhaus bei all dem Marmor, der noblen Ausstattung, den Palmen und den keuschen Jungfrauen dort.« Kurze Zeit später wird in dem großen Sessel vor dem Kamin im Rauchsalon eine Leiche entdeckt!

Falltüren, Wiedergänger und spurlos Verschwundene

Wimsey ist nicht der einzige Privatdetektiv von adeliger Herkunft. Wenn man die Biographien britischer Ermittler durchforscht, so finden sich unter den Amateuren wie unter den Profis etliche Repräsentanten hoher gesellschaftlicher Kreise, wobei allerdings nicht alle Detektive durch entsprechende Titel ihre Abstammung zu erkennen geben. Das wird zum Beispiel besonders deutlich bei Albert Campion, der ein einfacher Bürger zu sein scheint; auf seine verwandtschaftlichen Beziehungen zu höchsten Kreisen, wenn nicht gar zu den Royals, wird nur in Anspielungen hingewiesen.

Sein Äußeres könnte ihn nach der Beschreibung der Autorin Margery Allingham zu einem Verwandten von Lord Wimsey machen – zumindest was seine schlanke Figur, das glatte, blonde Haar und die auffällige Unauffälligkeit seines Aussehens betrifft. Agatha Christie sagte einmal, dass sie wegen der Ähnlichkeit beider Detektive den Namen »Margery Allingham« längere Zeit für ein Pseudonym von Dorothy L. Sayers gehalten hätte. Campions Kleidung ist wie die von

Geschäftiges Treiben am Piccadilly Circus in London (um 1910).

Wimsey teuer und dezent, und wie dieser hat er ein Faible für auffallend gemusterte Morgenmäntel. Er wirkt wie ein Mann, vor dem sich auf den ersten Blick niemand fürchten muss. Hat man sich an seine etwas alberne Redeweise gewöhnt, wird man aber des scharfsinnigen Intellekts gewahr, für den die übergroße Hornbrille nur ein ironisches Attribut ist. Wie Wimsey wohnt er in Piccadilly, allerdings in der Bottle Street, einer Sackgasse am nördlichen Teil – merkwürdigerweise ist diese Straße in keinem Londoner Stadtplan zu finden und auch nicht die Polizeiwache, über der sich seine Wohnung befindet.

Die Wohnung, von außen mehr als unscheinbar, ist sehr geschmackvoll, fast luxuriös eingerichtet, wenn auch ein Kupferstich von Rembrandt mit einer höchst merkwürdigen Trophäensammlung konkurrieren muss, die unter anderem aus Dolchen, Handschellen und Brecheisen besteht. Ein ähnlicher Kontrast zwischen dem, was man von einem Gentleman erwartet, und dem, was man bei Campion vorfindet, wird dann offenbar, wenn man seinem Faktotum Magersfontein Lugg begegnet. Der Cockney Lugg agiert als Bodygard, Hausdiener und Assistent bei mancherlei Tätigkeiten, bei denen ihm seine Beziehungen zum kriminellen Milieu oftmals nicht hinderlich sind.

Campion ermittelt zumeist in den vornehmeren Kreisen. Die Fälle, die ihm zu lösen aufgegeben sind, drehen sich häufig um seltsame, fast schon mysteriöse Vorkommnisse, die zuweilen einer gewissen Skurrilität nicht entbehren und bei denen Falltüren, Wiedergänger und spurlos Verschwundene noch die geringsten Merkwürdigkeiten sind. Einmal muss Campion einem alten Adelsgeschlecht in Suffolk beistehen, dem internationale Verbrecher jenen jahrhundertealten Kelch zu stehlen drohen, dessen Besitz das Eigentum an den Ländereien garantiert (Der Hüter des Kelchs). Ein altes Schloss, geheime Gänge, ein Skelett in einer Ritterrüstung – Campion braucht gute Nerven und einen klaren Verstand, um die Rettung für Kelch und Clan zu bringen. Auch die *Mystery Mile* liegt in Suffolk, auf der Campion einen strengen, aber gerechten Richter davor bewahrt, von einem Superverbrecher, den er jagte, seinerseits gejagt und getötet zu werden (Gefährliches Landleben).

Agatha Christie hatte Unrecht – eine Verwechslung von Margery Allingham und Dorothy L. Sayers ist kaum möglich, dazu sind die Abenteuer ihrer Helden einander nicht ähnlich genug. Aber ein wenig hätte sie auch Recht haben können, denn die Helden selbst gleichen sich durchaus in ihrer intelligenten Albernheit und ihrem detektivischen Ehrgeiz – von ihren Dienern, mal Cockney, mal Sergeant, ganz zu schweigen. Möglicherweise ist die Verwandtschaft in der kreativen Imagination des Lesers begründet, der sich eines literarischen *Tertium Comparationis* erinnert. P. G. Wodehouse setzte nach dem Ersten Weltkrieg seinen albernen und bornierten Helden Bertie Wooster in die Welt, der ohne seinen Diener Jeeves verloren gewesen wäre. Vielleicht waren in weniger kriegerischen Zeiten auch weniger kriegerische junge Männer als Helden gefragt, die sich den Problemen der Welt nicht mehr mit der Waffe, sondern mit Humor und ein bisschen Albernheit näherten – und jene damit manchmal sogar lösten.

Diner im Savoy

Huîtres Musgraves

12 große Austern
4 Scheiben Bacon, 4 Zitronenviertel

Ofen auf 200 Grad vorheizen. Austern öffnen, die unteren Schalenhälften in einer großen, flachen feuerfesten Form anordnen. Die Baconscheiben dritteln, in einer Pfanne bei mäßiger Hitze anbraten (sie sollen ihr Fett verlieren, aber noch weich bleiben). Auf jede Auster ein Stück Bacon legen, die Form in den heißen Ofen schieben, bis die Austern anfangen, sich zu kräuseln, und der Bacon kross wird. Vier vorgewärmte Teller mit je einer Serviette bedecken, darauf je drei Austernschalen und ein Zitronenviertel arrangieren und servieren.

Mock Turtle Suppe

Eigentlich wurde bei dem Savoy-Diner Lord Wimseys eine *real turtle soup* serviert, eine in der ersten Hälfte des vergangenen Jahrhunderts ganz selbstverständlich verfügbare und sehr goutierte Delikatesse. Einer der berühmtesten Köche der damaligen Zeit und langjähriger Küchenchef des Londoner Savoy Hotels, Auguste Escoffier, beginnt sein diesbezügliches Rezept folgendermaßen: *»Take a three-hundred-pound turtle and lay it on its back ...«*. Heutzutage ist Schildkrötensuppe politisch unkorrekt und kaum mehr zu bekommen. Deswegen wird hier als Ersatz eine *mock turtle soup* angeboten, die recht ähnlich im Geschmack ist, jedoch aus anderen Ingredienzen entsteht: Rindfleisch und Kalbskopf (oft als *turtle head* bezeichnet), Bouillon, diverse Gemüse und Kräuter, Champignonextrakt, Rotwein, Sherry, Cognac und Zitronensaft. Wegen des komplizierten Herstellungsprozesses sollte man auf die im Feinkosthandel erhältlichen ausgezeichneten Konserven rekurrieren.

Seezungenfilet mit Sauce Mousseline Sabayon

4 Seezungenfilets
2 EL klein gehackte Schalotten
Salz, Pfeffer, 1 EL Butter
1 1/2 Tassen Fischfond gemischt mit trockenem Wermut
2 Eigelb, 1/2 Tasse Sahne, 100 g weiche Butter
Petersilie (gehackt)

Ofen auf 180 Grad vorheizen. In einer flachen feuerfesten Form die Hälfte der Schalottenwürfel ausstreuen, die gewürzten und einmal zusammengefalteten Seezungenfilets darin verteilen, die restlichen Schalotten sowie Butterflöckchen darüber geben. So viel Fischfondmischung angießen, dass der Fisch knapp bedeckt ist, mit gebuttertem Pergamentpapier abdecken und in den heißen Ofen schieben. Etwa 10 Minuten garen, herausnehmen, die Flüssigkeit in eine Stielpfanne abgießen, den Fisch warm stellen.

Die Fischflüssigkeit zum Kochen bringen und auf etwa 1/2 Tasse reduzieren, abkühlen lassen, bis sie lauwarm ist. Bei niedriger Hitze mit einem Schneebesen Eigelb und Sahne unterschlagen, bis die Sauce etwas andickt, dann die weiche Butter in kleinen Portionen nach und nach unterziehen. Nach Geschmack würzen.

Die Fischfilets auf einer heißen Platte anrichten, jedes mit einem Löffel Sauce und gehackter Petersilie verzieren. Die restliche Sauce in einer vorgewärmten Saucière extra servieren. Dazu Reis und einen leichten Weißwein (Mâcon, Sancerre oder Pouilly Fussé) reichen.

Gebratener Fasan mit Brotsauce

2 bratfertige Fasane
Salz, Pfeffer
4 Zweige Selleriegrün, 2 EL Butter
2 Schalotten, in Viertel geschnitten
1/2 Tasse geschmolzene Butter
8 Scheiben magerer Bacon, 4 EL weißer Portwein
Brunnenkresse, rotes Johannisbeergelee

Ofen auf 150 Grad vorheizen. Fasane innen reichlich salzen und pfeffern. In jeden Fasan einen Selleriezweig, 1 EL Butter und eine geviertelte Schalotte geben. Die Vögel dressieren,

außen pfeffern, mit der Hälfte der geschmolzenen Butter einpinseln und mit den Baconscheiben umwickeln. Nebeneinander mit der Brust nach oben in eine flache Bratform setzen und eine gute Stunde im Ofen braten (zunächst mit Alufolie bedeckt, später offen), dabei ab und zu mit der restlichen geschmolzenen Butter und kurz vor Ende der Bratzeit mit dem Portwein begießen. Danach die Fasane auf eine heiße Servierplatte legen, die Baconscheiben eventuell entfernen, 10 Minuten ruhen lassen. Mit Brunnenkresse garnieren, mit rotem Johannisbeergelee und Brotsauce servieren.

Brotsauce

1 1/2 Tassen Milch
1 Zwiebel, 2 Gewürznelken, 1 Lorbeerblatt
1/2 TL Salz, 1/4 TL Pfeffer, 1/4 TL gerebelter Thymian
3/4 Tasse weiche Weißbrotwürfel
1 1/2 EL Butter, 1 EL dicke Sahne (evtl. Crème double)

Die Milch zusammen mit der Zwiebel und den Gewürzen erhitzen und bei mäßiger Temperatur 15 Minuten köcheln lassen. Die Flüssigkeit durch ein Sieb in einen anderen Topf gießen, die Brotwürfel zugeben, einige Minuten simmern lassen, dabei glatt rühren, bis die Sauce dick wird. Butter und Sahne unterziehen und in einer vorgewärmten Saucière zum Fasan servieren.

Pommes Byron

6 große Kartoffeln
4 EL Butter, Salz, Pfeffer
1/2 Tasse dicke Sahne (evtl. Crème double)
1/2 Tasse geriebener Parmesan

Die gewaschenen Kartoffeln in der Schale im Ofen bei 200 Grad etwa 45 Minuten garen. Ofen anlassen. Kartoffeln im Ganzen aus der Schale lösen, in einer Pfanne in heißer Butter anbräunen, dann salzen und pfeffern. Die angebratenen Kartoffeln in eine gebutterte runde Backform legen und zu einem Kuchen formen. Sahne und Parmesan darüber geben und im heißen Ofen die Oberfläche braun werden lassen.

Geeistes Zitronensoufflé

3 Eier, 4 Eigelb
1 Tasse feiner Zucker, 1 Prise Salz
2 Zitronen (abgeriebene Schale und Saft)
2 EL Gelatine
1 Tasse Sahne
kandierte Zitronenschale, in dünne Streifen geschnitten

In einer Rührschüssel Eier, Eigelbe, Zucker und Salz etwa 10 Minuten lang rühren, bis die Mischung leicht steif wird. Die abgeriebene Zitronenschale hinzufügen. Die Gelatine bei gelinder Hitze in dem Zitronensaft auflösen und in die Eimischung einrühren. Die Sahne steif schlagen und unter die Ei-Zitronen-Masse ziehen. In vier kleine Porzellanformen verteilen und eine Stunde in den Gefrierschrank stellen. Zum Servieren mit kandierten Zitronenstreifen garnieren.

Den Hauptgang dieses Savoy-Diners lässt Lord Peter Wimsey von einem alten französischem Rotwein, einem Neunzehnhundertachter, begleiten, der reich und streng ist und zugleich die Kraft hat, auf die es ankommt. Durch den Fortgang der kriminellen Ereignisse reicht es allerdings nicht mehr zu dem sonst üblichen Abschluss eines solch opulenten Diners, zu Mokka und einem guten, alten Cognac.

Mit dem Segen des Herrn

Die Kirche klärt auf

Pater Brown und seine Glaubensbrüder

Nicht weit entfernt von Westminster Abbey, der Hofkirche der englischen Könige, liegt Westminster Cathedral. Nach achtjähriger Bauzeit wurde der Sitz des Erzbischofs von Westminster im Jahre 1903 vollendet. Errichtet nach Plänen von John Francis Bentley im byzantinischen Stil, entfaltet die Kathedrale in ihrem Inneren große Pracht.

Nach dem Vorbild des amerikanischen Magazins *Harper's* erschien 1890 in England erstmals *The Strand Magazine*. Auch Sir Arthur Conan Doyle veröffentlichte in dieser Monatsschrift seine Geschichten rund um Sherlock Holmes.

Wem die verkehrsreiche Victoria Street im Westen Londons zu lebhaft ist, wer nicht zum Bahnhof eilt, um abzureisen, sondern wer lieber ankommen möchte, der braucht auf der Suche nach einer Stätte der Einkehr nur wenige Schritte seitab zu gehen, um dann vor der Stirnseite der Westminster Cathedral stehen zu bleiben. Und wer die Geschichten des Autors Gilbert K. Chesterton über Pater Brown kennt, den Ermittler im Namen des Herrn, der könnte sich vielleicht vorstellen, den kleinen, rundlichen Priester an diesem zentralen Ort des englischen Katholizismus zu treffen. Ein großes Portal in der Mitte sowie kleinere Türen daneben gewähren Zugang zum Gotteshaus; die schmalste befindet sich an der rechten Seite der Front, am Querbalken überschrieben mit *Pilgrim Door*. Mag manchem Besucher dieser Eingang zu schlicht erscheinen und die Passage für Wohlbeleibte zu eng sein – Pater Brown würde vermutlich nur durch diese Tür den Sitz des Erzbischofs betreten haben.

Die Ehrfurcht des kleinen Priesters rührt weniger daher, dass er sich mit dem Besuch der wichtigsten katholischen Kirche der Insel in den Einflussbereich klerikaler Hierarchien begeben würde, sie gründet vielmehr auf seiner tiefen religiösen Überzeugung – einer Überzeugung, die die Klarheit der Vernunft schätzt, weil ohne sie kein wahrhafter Glauben möglich ist. Vermutlich aber wird Father Brown die Kathedrale kaum aufsuchen, auch wenn er den Baustil kenntnisreich zu diskutieren weiß (Der Mann in der Galerie), denn seine Kirchen sind die kleinen Gotteshäuser von Vorstadtpfarreien, und der Prunk der 1903 geweihten Metropolitankirche könnte ihn befremden. Aus der Ferne erinnert der gewaltige Bau an ein byzantinisches Monument, das obendrein mit den weißen Granitstreifen, wie Bänder um das Gebäude gelegt, durchaus Ähnlichkeiten mit der 1890 errichteten Anlage von Scotland Yard aufweist; im Innern entfalten die mit verschiedenfarbigem hellen Marmor verkleideten Säulen eine sakrale Pracht, die sich im hohen Dunkel des zum Teil immer noch unvollendeten Kirchenschiffes wieder verliert. Den Amateurdetektiv Brown würde aber vielleicht erheitern, dass vor 1884 – damals ging das Grundstück in den Besitz der Erzdiözese Westminster über – ein Gefängnis an diesem Ort gestanden haben soll.

Erst im Laufe des 19. Jahrhunderts erreichten es die Katholiken, über den Status der Tolerierung hinauszugelangen und als gleichberechtigte Religionsgemeinschaft anerkannt zu werden: 1829 wurden Katholiken zum Parlament zugelassen, 1850 konnte sich die katholische Hierarchie wieder etablieren, indem dreizehn Bischofssitze und die Erzdiözese Westminster gegründet wurden – dies auch als Reaktion auf den wachsenden Zustrom von Einwanderern aus Irland. Die katholische Kirche hatte mit starken Vorbehalten der protestantischen Engländer zu kämpfen, für die, so heißt es, der römische Katholizismus ein eher exotisches und etwas düsteres Image hatte, das gelegentlich mit dem Begriff »Papisterei« polemisch umschrieben wurde.

Der feste Glaube an die Vernunft

All diesen Vorurteilen – und noch einigen mehr – begegnet Pater Brown, und als Mitglied einer argwöhnisch beäugten Minderheit muss er für seine Mitmenschen Außergewöhnliches leisten, um Anerkennung zu finden. Dieses nun gelingt ihm in besonderem Maße: Er überzeugt Ungläubige wie Zweifelnde, wenn er, die irdische Wahrheit mit der Wahrheit des Glaubens widerlegend, schwierige und zuweilen sogar bizarre Kriminalfälle löst.

Gilbert Keith Chesterton, der Schöpfer von Pater Brown, war zwar kein Theologe, wohl aber ein orthodoxer Rationalist, der zum katholischen Glauben konvertierte und als Liebhaber von Paradoxien die gedankliche Equilibristik des kleinen Priesters zu schätzen wusste, der immer auf den sicheren Boden der Aufklärung zurückfindet. Chesterton war selbst ein Bewunderer von Kriminalromanen, und er glaubte daher auch zu wissen, was der Leser an der idealen Detektivgeschichte besonders liebt: Dieser sei erst dann glücklich, wenn er sich wie ein Narr vorkomme – und dieses Gefühl verpflichtet zur Demut. Deshalb ist es nur folgerichtig, dass Chestertons Protagonist als Priester Demut vorlebt und zu ihr hinführt.

Allerdings verleitet die Bescheidenheit des kleinen Priesters manche Menschen zu einer falschen Bewertung seiner Person. Auch wer Pater Brown nur nach seinem Äußeren beurteilt – und das tut mancher Bösewicht leichtsinnigerweise –, hat ihn schon unterschätzt. Selbst der Chef der Pariser Polizei, der eigentlich über hinreichende Menschenkenntnis verfügen müsste, sieht in ihm nur den »Inbegriff einer Unschuld vom Lande«, ausgestattet mit einem riesigen, sperrigen Regenschirm, den er immer zu verlieren droht. Der Geistliche aus einem Dorf in Essex mit einem Gesicht rund wie ein Norfolk-Knödel und Augen in der Farbe

des Nordseewassers wirkt auf ihn einfältig und dumpf (DAS BLAUE KREUZ). Dabei wird es später Pater Brown sein, der Flambeau, den meistgesuchten Verbrecher Europas, überführt. Dieser hatte sich als Priester getarnt – in einer Schar von Geistlichen auf dem Wege zum Eucharistischen Weltkongress die beste Maskierung –, war aber für den Gottesmann sofort als Betrüger zu erkennen. Die Begründung, die Pater Brown dem angesichts seiner Entlarvung völlig konsternierten Sünder gibt, erklärt zugleich seinen eigenen Zugriff auf die Geheimnisse der Welt: Flambeau habe die Vernunft attackiert, das tue kein echter Theologe. Und später äußert der Priester emphatisch, dass er, durch seine Religion verpflichtet, alle gotischen Bögen der Welt zu Staub zerreiben würde, um die gesunde Vernunft eines einzigen Menschen zu retten.

Wir erfahren kaum etwas über die Pfarreien, denen der Geistliche vorsteht; einige Zeit betreut er offenbar eine Gemeinde in Cobhole (Essex), dann wieder geht er dieser Aufgabe in St. Mungo in London nach, aber wirklich verwurzelt ist er nirgendwo – oder überall dort, wo schwache Menschen, Täter wie Opfer, seine Hilfe brauchen. Es ist bezeichnend für die pastorale Arbeit des Priesters, dass er an einer Vortragsreihe über die Enzyklika »Rerum Novarum« arbeitet; mit diesem Rundschreiben Papst Leos XIII., 1891 erschienen, begann sich die katholische Soziallehre intensiv mit der Lösung der Arbeiterfrage zu beschäftigen.

Das England des Pater Brown ist das England der Sünder, jener irrenden Menschenkinder, die Versuchungen nicht widerstehen, Hass nicht bekämpfen, Gier nicht unterdrücken und die, von der Last der Erbsünde gequält, der Vergebung bedürfen. Da sich aber – im theologischen Verständnis – jeder Mensch zu den Schuldigen zählen lassen muss, nimmt sich hier auch Pater Brown nicht aus. Und aus seinem Wissen um menschliche Fehlbarkeit ergibt sich für ihn die probate Methode, Fälle aufzuklären und Täter zu überführen. Er überlegt, in welcher Verfassung ein Mensch sein muss, um ein Verbrechen zu begehen, oder genauer (und mit seinen eigenen Worten): *»Ich dachte unablässig nach, wodurch wohl ein Mensch zum Mörder werden könne, bis ich schließlich selbst in einer solchen Verfassung war, dass nur noch der letzte Schritt fehlte. Diese Methode ist mir einst von einem Freund als eine Art religiöse Übung empfohlen worden.«* Oder noch sehr viel drastischer antwortet Pater Brown einem Brudermörder, der nicht verstehen kann, weshalb er entlarvt worden ist: *»Ich bin ein Mensch und habe daher alle Teufel im Herzen ...«* (DER HAMMER GOTTES).

Als Mann Gottes ist es nicht sein vorrangiges Interesse, Verbrecher der irdischen Gerechtigkeit auszuliefern; nicht die Wiederherstellung der irdischen Rechtsordnung ist sein Hauptanliegen, sondern die Überantwortung des Delinquenten an höhere Instanzen. Wichtig ist ihm, dass der Verbrecher Vergebung erfährt oder dass er ihn sogar – falls es sich »nur« um einen Räuber handelt – bekehren kann. Den großen Dieb Flambeau überzeugt er davon, dass es seinem Seelenheil zuträglicher sei, vom Verbrechen abzulassen und sich einer ehrlichen Beschäftigung zuzuwenden: Flambeau wird Detektiv – mit einem Büro in Westminster und einem Schloss in Spanien. Und wenn er Beistand braucht, weil er mit seiner weltlichen Sicht der Dinge nicht weiterkommt, ruft er Pater Brown zu Hilfe, der dann die schwierigen Fälle löst.

Ein solcher Fall ereignet sich in dem Bürohaus, in dem Flambeau gerade seine Agentur eröffnet hat (DAS AUGE DES APOLL). Über ihm hat ein »Priester des Apoll« mehrere Räume bezogen, unter ihm bieten zwei Stenotypistinnen, Schwestern aus wohlhabendem Hause, ihre Dienste an, von denen eine den Bekehrungsversuchen des Apoll-Adepten erlegen ist. Vor dem Betreten des Gebäudes sieht Pater Brown den selbst ernannten Priester – Flambeau nennt ihn einen schwärmerischen Schwindler – auf dem Balkon über der belebten Straße theatralisch die Sonne anbeten. Selbst laute Geräusche und ein Schrei, der Schreckliches ahnen lässt, können ihn nicht in seiner religiösen Ruhe beirren. Eine der Schwestern, erblindet durch starre Blicke in die Sonne, ist, so stellt sich heraus, im Fahrstuhlschacht zu Tode gestürzt. Der Sonnenanbeter hatte die Tür zum Schacht offen gelassen. Aber das erhoffte Erbe wird er, der scheinbar ein sicheres Alibi hat, nicht antreten können, weil Pater Brown bereits wusste, dass er der Täter war, bevor ihm die Tat bekannt wurde. Denn diese heidnischen Stoiker – so die paradoxe Erklärung des Geistlichen – versagen immer durch ihre Stärke. Der Schrei des Opfers war überall zu hören, nur der Sonnenanbeter reagierte nicht, weil er ihn erwartet hatte. Wissend, was die wahre Religion von den Menschen verlangt, erkennt Pater Brown sofort den ungläubigen Scharlatan.

Zwischen Kreuzzug und Kräutergarten

Die Nähe zur Kirche, der Rückhalt im Glauben und das Wissen um die Sündhaftigkeit des Menschen scheinen gute Voraussetzungen zu sein, um als Detektiv tätig zu werden. Wenn solch ein Mensch dann auch noch sowohl zölibatäre Abgeschiedenheit wie weltliche Freuden kennen gelernt hat, dann vermag sein reicher Erfahrungsschatz selbst in schwierigsten Fällen zu helfen. Ein solcher Detektiv ist Bruder Cadfael, Mönch in der Benediktinerabtei St. Peter und St. Paul in Shrewsbury, einer Stadt an der Grenze zu Wales, die aber noch zur Grafschaft Shropshire gehört. Allerdings müssen wir nun viele hundert Jahre zurückgehen, um uns ein wenig in die Welt des Mittelalters zu versenken, in der die Lebens-

Typische Landschaft in Shropshire: sanft gewellte Hügel, auf deren saftigen grünen Weiden Schafe grasen.

bedingungen zwar gänzlich andere waren, die Lebens*probleme* sich aber nicht gravierend von denen unterschieden, mit denen die Detektive des 20. Jahrhunderts zu kämpfen hatten. Wie immer gehören Habgier und Neid, Liebe und Leidenschaft, Hass und Eifersucht zu jenen Tatmotiven, auf die auch Bruder Cadfael bei seinen Ermittlungen stößt. Cadfael ist Waliser aus wohlhabendem Hause, der als Jugendlicher nach Shrewsbury kommt, um eine Lehre anzutreten. Schon bald aber verlässt er die Stadt (und ein Mädchen, mit dem er sich heimlich verlobt hat) und schließt sich dem 1. Kreuzzug an. Viele Jahre kämpft er im Heiligen Land für ein christliches Königreich auf biblischem Boden. Er verliebt sich in eine Sarazenin, verlässt aber auch sie, ohne zu wissen, dass sie ihm einen Sohn gebären wird. Unter König Heinrich I. kämpft er als Söldner in der Normandie, kehrt im Dienst eines englischen Barons auf die Insel zurück und erlebt »auf dem Weg nach Woodstock« eine Bekehrung vom Krieger zum Mönch, der nach der Regel des Heiligen Benedikt den Verpflichtungen von »Ora et labora« folgen muss. Cadfael tritt als Vierzigjähriger 1120 in den Orden ein und legt im darauf folgenden Jahr die ewigen Gelübde ab. Gebete und verlässlich auszuführende Arbeiten von der Krankenpflege über die Urbarmachung einsamer Ländereien bis zum Kopieren von Handschriften bestimmen den Tagesablauf im Kloster und geben dem Leben der Ordensleute den festen Halt genau bemessener Pflichten. Die Idee von der Entfaltung des Individuums in Regelmäßigkeit und Regelgemäßheit des Lebens war für die Menschen des Mittelalters beeindruckend und

von hoher Verbindlichkeit, weshalb die Klöster auch zivilisatorischen Vorbildcharakter besaßen. Cadfael gelingt es allerdings häufig, diesem »Stundenplan« zu entfliehen, wenn die Zubereitung von Arzneien oder Ermittlungen außerhalb der Klostermauern dies verlangen.

Strenge Vorschriften bestanden auch hinsichtlich der Mahlzeiten, die aber dennoch kulinarische Annehmlichkeiten zuließen, sofern nicht zum Beispiel Fastenzeiten noch rigidere Anforderungen stellten. Gemüse, Fisch, Milchprodukte, Eier, Käse, Wein oder Bier kamen ebenso auf den Tisch im Refektorium wie Backwaren aller Art. Besonders bei der Zubereitung delikater Käsesorten und spezieller Destillate, nicht ohne Grund »Lebenswasser« genannt, waren Benediktinermönche führend – das Bier etwa ist eine Erfindung flämischer Mönche gewesen.

Die Abtei von Shrewsbury, im Südosten vor den Toren der Stadt gelegen, ist ein ausgedehnter Gebäudekomplex mit einer großen Kirche, in der auch die Bürger Shrewsburys dem Gottesdienst beiwohnen, und mit zahlreichen Gebäuden für alle Notwendigkeiten des täglichen Lebens: Küche, Schlafräume, Schreibstube, Speisesaal, Krankenstation und vieles mehr. In dieser Gemeinschaft hat Cadfael sehr bald die ihm gemäße Aufgabe gefunden; von seinen Reisen hat er eine – anfangs gering geschätzte – reiche Sammlung an Pflanzensamen mitgebracht, mit denen er einen einzigartigen Kräutergarten anlegt. In genauer Kenntnis ihrer Wirksamkeit kann er mit diesen Kräutern eine segensreiche medizinische Tätigkeit entfalten, die ihm nicht nur die Anerkennung seiner Mitbrüder, sondern auch die Verehrung der Bürger von Shrewsbury einträgt. In einer Hütte auf dem Klostergelände sammelt und trocknet er Blätter und Kräuter, und eine offene Feuerstelle dient ihm dazu, aus den Pflanzen einen heilenden Sud, wundersam wirkende Tinkturen und Salben sowie geheimnisvolle Säfte herzustellen. Von den Dachbalken hängen getrocknete Kräuterbüschel herab, die einen starken, beruhigenden Duft verbreiten, in den Regalen warten Mörser und andere Gerätschaften darauf, im Dienst der Heilkunde genutzt zu werden, und gefüllte Flaschen und Tiegel stehen bereit für Kranke und Gebrechliche.

Roger de Montgomery, Weggefährte Wilhelm des Eroberers und Earl von Shrewsbury, gründete 1083 die später nach der Benediktinerregel geführte Abtei von St. Peter und St. Paul in Shrewsbury.

PSALM

Die Vertrautheit mit den Heilkräften der Natur, seine Lebenserfahrung, gleichermaßen erworben im Kampf wie in der Liebe, befähigen ihn auch, bei der Aufklärung von Verbrechen zu helfen, die den Frieden der mittelalterlichen Stadt stören. Nun lebt Cadfael ohnehin in einer sehr unfriedlichen Zeit. König Stephan macht seiner Kusine, der Kaiserin Mathilde, den Thron streitig, der ihr eigentlich durch die Eidesleistungen der Edlen im Lande gegenüber ihrem Vater, König Heinrich I., sicher zu sein schien. In langjährigen Kämpfen, bei denen der Sieg bald der einen, bald der anderen Seite gehört, eine endgültige Entscheidung aber ausbleibt, das Reich in Anarchie zu versinken droht und die Bürger unter den Lasten des Krieges stöhnen, ist das Kloster sehr häufig eine Zufluchtstätte für die Opfer der Auseinandersetzungen, und die Mönche, allen voran Cadfael, leisten ihren Dienst am Nächsten häufig an den Leidtragenden politischer Händel.

Ermittlungen im Kloster

Besonders schwierig gestalten sich die Ermittlungen, wenn der Krieg genutzt wird, um ein Verbrechen zu verdecken (BRUDER CADFAEL UND EIN LEICHNAM ZU VIEL). König Stephan hat die Burg von Shrewsbury belagert, schließlich eingenommen und jene Abtrünnigen hängen lassen, die sich der Kaiserin zugewandt hatten. Die Mönche übernehmen die schwere Aufgabe, die Toten zu bestatten. Dabei entdeckt Cadfael, dass sich eine Leiche zu viel unter den Opfern befindet – ein geldgieriger Gefolgsmann des Königs hat einen Mord begangen und versucht, ihn unter Ausnutzung des Kriegsgeschehens zu vertuschen. Bei der Klärung des Falles gewinnt Cadfael das Vertrauen von Hugh Beringar, der später als Sheriff der oberste Verwaltungsbeamte von Shropshire wird. Die beiden Männer werden trotz des Altersunterschiedes Freunde, kämpfen gemeinsam gegen Unrecht und Verbrechen und verkörpern – in der Vorwegnahme späterer Detektivpaare – das Team eines weltlichen und eines geistlichen Ermittlers.

Auch in Shrewsbury selbst droht Aufruhr, wenn jugendliche Heißsporne, Söhne städtischer Honoratioren, gegen eine vermeintliche Ungerechtigkeit protestieren, weil die Abtei nichts von den Einnahmen abgeben will, die der Jahrmarkt zu Ehren ihres Schutzpatrons in reichlichem Maße abwirft (DER AUFSTAND AUF DEM JAHRMARKT). Einer der jungen Männer gerät in Verdacht, einen vermögenden Tuchhändler aus Bristol ermordet zu haben. Cadfael sieht sich schwierigen Ermittlungen gegenüber, denn die Stadt ist überlaufen von Fremden aus allen Teilen der Insel, die auf gute Geschäfte als Käufer wie Verkäufer hoffen. Wenn man den Benediktiner auf seinen Gängen über den Markt und durch die Gassen der Stadt begleitet, taucht man ein in die Fülle mittelalterlichen Lebens. Man begegnet ehrsamen Handwerkern in ihren Werkstätten, trunksüchtigen Raufbolden im Wirtshaus und fleißigen Hausfrauen, die den Markt als willkommene Abwechslung betrachten und zudem als gute Gelegenheit, ihre Vorräte aufzufüllen. Aber auch diese idyllische Alltagswelt ist überschattet von den Machtkämpfen des Königs und der Kaiserin und bedroht von Verbrechen. Bei seinen Ermittlungen geht Cadfael mit dem gleichen Spürsinn und der genauen Beobachtung vor wie seine Kollegen in späteren Zeiten. Er untersucht Dolche auf Blutspuren, kann abschätzen, ob sie vom Opfer oder vom Täter stammen, und weiß ein blondes Haar von einem Flachsfaden zu unterscheiden. Am Schluss überführt er als den Mörder des Kaufmanns, welcher zugleich Bote für die Kaiserin Mathilde war, einen Adeligen, der durch Verrat seinen Reichtum mehren wollte.

Der heutige Besucher von Shrewsbury kann noch ein wenig auf Cadfaels Spuren wandeln, und ihm bleibt vieles zu entdecken, was mönchisches Leben des Mittelalters wieder lebendig werden lässt. Bei einem Rundgang durch die Stadt, den er bei Einbruch der Dämmerung beginnen sollte, werden die alten Häuser in den Straßen Wyle Cop und Pride Hill oder enge, verwinkelte Treppen wie Bear Steps ihn für einen Augenblick in die Vergangenheit versetzen. Die Besichtigung der Abteikirche, deren älteste Teile normannisch sind, führt ihn näher heran an die klösterliche Abgeschiedenheit, und dann kann er die Rekonstruktion der mittelalterlichen Klosteranlage besuchen, die als *Shrewsbury Quest* viele Interessierte anzieht. Der beeindruckendste Teil ist sicherlich die Nachbildung des klösterlichen Kräutergartens, der nach alten Quellen so sorgsam angepflanzt wurde, als hätte Cadfael seine helfende Hand im Spiel gehabt. Fast am Ende des Rundganges betritt man das Arbeitszimmer von Ellis Peters, die Bruder Cadfael in die Abenteuer des mittelalterlichen Shrewsbury entließ. Durch ihre Herkunft war sie Wales wie Shropshire gleichermaßen verbunden, und es ist gewiss kein Zufall, dass ihr kriminalistischer Held ähnliche familiäre Wurzeln hat. Ellis Peters könnte von ihrem nachgebauten Arbeitszimmer das Leben in der nachgebauten Abtei immer im Blick behalten. Und mit einer gewissen Verwunderung würde sie dann wohl jene Männer betrachten, die – in Mönchskutten gekleidet – für die Besucher Klosterleben im Mittelalter vorführen.

Shrewsbury hat mit seinem pittoresken Ortskern und den vielen verwinkelten Gassen auch heute noch ein besonderes Flair.

Wer sich für das Leben der Mönche im Mittelalter interessiert, der sollte einen Ausflug zum *Shrewsbury Quest* nicht versäumen. Beeindruckend ist vor allem die Nachbildung des klösterlichen Kräutergartens. Fast am Ende des Rundgangs betritt man das Arbeitszimmer von Ellis Peters, die die literarische Figur des Bruder Cadfael in die Abenteuer des mittelalterlichen Shrewsbury entließ.

Essen im Kloster

Die strenge benediktinische Ordensregel bezog auch die Mahlzeiten mit ein. So gab es für die Mönche im Winter und während der Fastenzeit außer dem Frühstück nur eine weitere Mahlzeit, im Sommer mit seinen längeren Arbeitstagen waren es zwei bis drei Mahlzeiten pro Tag. Diese waren kulinarisch durchaus ansprechend und wurden vorwiegend aus den eigenen Produkten der Abtei zubereitet, aus frischen Eiern, Milch, Gemüsen und Früchten, nicht zu vergessen die Kräuter aus Bruder Cadfaels Garten. Das Kloster hatte eine eigene Bäckerei, die vielerlei Sorten Brot, das wichtigste Nahrungsmittel, herstellte sowie eine Brauerei, in der, neben dem stärkeren Traditionsbier, ein dünnes Bier, das Hauptgetränk der Mönche, gebraut wurde (von dem pro Tag bis zu 8 pints, also etwa 4 Liter, zu trinken erlaubt war!).

Großen Raum im klösterlichen Speiseplan nahmen Fischgerichte ein, gab es doch neben 52 Freitagen noch eine Reihe von vorösterlichen, adventlichen und Jahresend-Fastenzeiten, die völlige Abstinenz vom Fleisch verlangten. Letzteres war nach der Regel des Heiligen Benedikt eigentlich ohnehin verboten. Jedoch bezog sich dieses Verbot nicht auf Vögel, sodass »geflügelte Gerichte« von Haus- und Wildgeflügel häufige und beliebte Ergänzungen des Speiseplans waren. Rotes Fleisch wurde im Allgemeinen nur am Tisch des Abtes und seiner Gäste serviert, wo der ausgezeichnete Koch des Klosters oft auch andere Leckerbissen auftischte, wie zum Beispiel *ein mit Rotwein, scharfen Gewürzen, einer aromatischen Sahnesauce und viel Fett zubereitetes saftiges Rebhuhn* (DAS MÖNCHSKRAUT).

Insbesondere vor Weihnachten wurde der Speiseplan der Abtei, der im Winter vorwiegend Hülsenfrüchte, eingesalzenen Fisch und gelegentlich gepökeltes Fleisch vorsah, durch Geschenke und Spenden der Kaufleute von Shrewsbury und einiger stadtnaher Gutsherren bereichert, sodass unversehens frisches Rind- und Schweinefleisch, Gänse und Enten, ja sogar Wildbret die schlichten Gerichte in festliche Mahlzeiten verwandelten.

Hühnersuppe mit Kastanien

1 1/4 l Hühnerbrühe (kalt, entfettet)
2 Geflügellebern
200 g Kastanien (geschält, gekocht, gehäutet)
2 hart gekochte Eier
1/2 TL Zimt · 1/2 TL Ingwerpulver
3 zerstoßene Gewürznelken · je eine Prise Kardamom, Cayennepfeffer, Safran · Salz und Zucker nach Geschmack

Kastanien, hart gekochte Eidotter und Geflügellebern pürieren, Gewürze hinzufügen, mit etwas Hühnerbrühe verrühren. Die übrige Hühnerbrühe in einen Topf geben, die pürierte Masse hinzufügen und unter häufigem Umrühren zum Kochen bringen. In vorgewärmte Suppenteller über in Butter geröstete Weißbrotecken gießen und sehr heiß servieren.

(*Kastanien* waren im Mittelalter als Beilage oder als Füllung für Fleisch und Geflügel sehr beliebt. Mit *Gewürzen* ging man damals sehr (oft zu) großzügig um und kombinierte sie (für unseren heutigen Geschmack) recht gewagt. *Eier* wusste man auf vielfältige Art zuzubereiten. Sie eröffneten die Speisenfolge oder wurden als Beilage gereicht).

Kräuteromelett

8 Eier
6 EL frische, fein gehackte Kräuter (Petersilie, Kerbel, Schnittlauch, Estragon, Kresse, Minze, Salbei, Selleriegrün, Rote-Beete-Grün)
2 EL Armagnac (oder Cognac) · Salz, Pfeffer
50 g Butter · 2 EL geriebener Gruyère oder Emmentaler

Die Eier trennen. Das Eigelb mit einer Gabel verschlagen und mit Kräutern, Salz und Pfeffer vermischen. Das Eiweiß steif schlagen und vorsichtig unterheben. Den Armagnac dazugeben. In einer großen Pfanne in heißer Butter vier Omelette backen. Wenn die Unterseite fest und leicht gebräunt, die Oberseite aber noch flaumig ist, den geriebenen Käse darüber streuen (macht das Omelett noch saftiger), zusammenklappen und sofort auf einer vorgewärmten Platte servieren.

Der Karpfen galt im Mittelalter als »Klosterfisch«, wurde er doch von den Mönchen gezüchtet, und war eine begehrte Fastenspeise.

Spiegelkarpfen nach altem Klosterrezept

1 Spiegelkarpfen von 4 Pfund (ausgenommen, küchenfertig)
1 Stange Lauch · 2 Karotten · 2 Zwiebeln
2 Zehen Knoblauch · 1/4 Knolle Sellerie
1 ungespritzte Zitrone
je 1 Bund Dill, Petersilie, Estragon
1 EL getrockneter Salbei
Wacholderbeeren, Pfefferkörner, Salz, 1 TL Zucker
1 Flasche Riesling
1/4 Stange Meerrettich · 150 g Butter

Den Karpfen längs in zwei Hälften teilen und jede Hälfte quer halbieren, sodass vier Portionen entstehen. Das Gemüse in feine Streifen, die Zitrone in dünne Scheiben schneiden, Kräuter hacken. Gemüse, frische und getrocknete Kräuter, Zucker, Wacholderbeeren und Pfefferkörner vermengen. Einen großen flachen Topf mit der Hälfte dieser Mischung ausstreuen. Die Karpfenstücke salzen, darauf legen und mit der restlichen Mischung bestreuen. Den Riesling angießen und evtl. soviel Wasser zufügen, dass der Karpfen knapp bedeckt ist.

Langsam zum Kochen bringen, etwa 30 Minuten leise köcheln lassen. Das langsame Garen bewirkt, dass das Karpfenfleisch salmrosa, zartmürbe und vom Wein und Aroma der Kräuter durchdrungen wird.

Zum Anrichten die Karpfenstücke aus dem Sud heben, auf vorgewärmten Tellern mit den Gemüsestreifen darauf arrangieren. Feine Späne von Meerrettich darüber schaben, die Zitronenscheiben darauf verteilen. Dazu Salzkartoffeln und schäumend heiße Butter reichen.

Kürbisauflauf

1 Stück Kürbis (800 - 1000 g)
1 Tasse Milch · 50 g Butter · 3 Eigelb
70 g geriebener Käse · 30 g Käse zum Gratinieren
je 1/2 TL gemahlener Ingwer und weißer Pfeffer
1 Messerspitze Safran · 3 TL Zucker, Salz

Den Kürbis schälen, in kleine Stücke schneiden, 20 Minuten in 2 Tassen kochendem Salzwasser mit einem Schuss Essig dünsten, abtropfen lassen. In einer Schüssel Eigelb und Milch verquirlen, den Käse, die Gewürze und den Zucker hinzufügen. Die Kürbisstücke pürieren und mit der Eimischung verrühren. Die Butter in kleinen Stücken darunter rühren.

Eine feuerfeste Form mit Butter ausstreichen und die Mischung hineingeben. Den restlichen Käse darüber streuen, mit Butterflöckchen besetzen, salzen und im Ofen goldbraun backen.

Salbeikrapfen

Für den Teig:
250 g Mehl · 1/2 Glas Wein · 1/4 Glas Wasser
1 EL Honig · 2 EL Salbeiblätter
Öl zum Ausbacken
1 Zweig Rosmarin
Zucker zum Bestreuen

Alle Zutaten für den Teig zu einer glatten Masse verrühren. In einer hohen Pfanne (evtl. Fritteuse) das Öl mit dem Rosmarinzweig sehr stark erhitzen. Den Teig teelöffelweise in das Öl geben und die Beignets von beiden Seiten goldbraun ausbacken. Auf Küchenpapier entfetten und mit Zucker bestreut heiß servieren.

Das Böse ist überall

Dorfkriminalität
und Großstadtverbrechen

Miss Marple
und ihre Kolleginnen

Ländliche Idylle im Süden der britischen Insel.

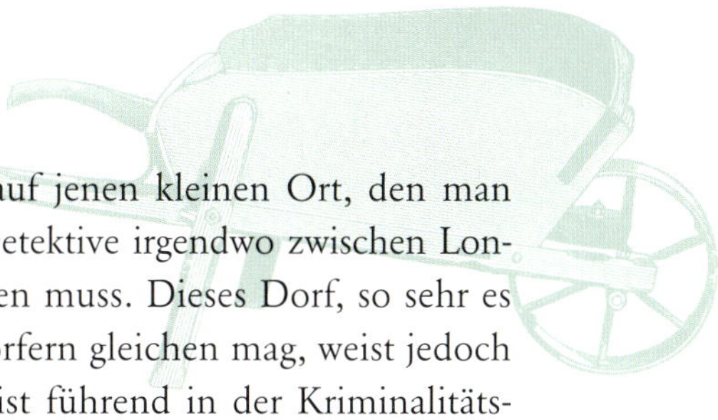

Nirgendwo ist England englischer als auf dem Lande. Und nirgendwo – so meint man – friedlicher. 1927, also etwa zu der Zeit, als Jane Marple erstmals den Schauplatz ländlichen Verbrechens betritt, reist H.V. Morton durch die südlichen Grafschaften der Insel, und er schreibt über seine Fahrten ein Buch mit dem Titel *In Search of England*. Dieser Schriftsteller findet das eigentliche, das ursprüngliche England in den Dörfern, durchzogen von schmalen Straßen und dem *Village Green* im Zentrum, mit strohgedeckten Häusern inmitten bunter Blumengärten, die von ihren Besitzern das typisch englische Hobby – die Gartenarbeit – verlangen. Wie sehr er mit dieser Erkenntnis seinen Landsleuten aus dem Herzen sprach, zeigt die Tatsache, dass sein Werk in den ersten drei Jahren nach Erscheinen zwölf Auflagen erlebte. Wenig später wird ein anderes Reisebuch veröffentlicht, in dem sich Thomas Burke *The Beauty of England* widmet und dabei den Ursprung dieser Schönheit in der englischen *countryside* findet.

St. Mary Mead und seine prominenteste Einwohnerin

Zwar erwähnen weder H.V. Morton noch Thomas Burke in ihren Büchern St. Mary Mead, aber ihre Beschreibung pastoraler Idylle passt durchaus auf jenen kleinen Ort, den man sich auf der Landkarte für Detektive irgendwo zwischen London und der Südküste denken muss. Dieses Dorf, so sehr es auch anderen englischen Dörfern gleichen mag, weist jedoch eine Besonderheit auf – es ist führend in der Kriminalitätsstatistik ländlicher Gemeinden Englands. Und das gilt sowohl für die verübten wie für die aufgeklärten Straftaten. Mögen die Gründe für die erschreckende Anzahl der Verbrechen auch vielfältig sein, die hohe Aufklärungsquote ist allein das Verdienst von Miss Marple, der bekanntesten Detektivin Englands.

Agatha Christie hat ihrer Lieblingsermittlerin das Dorf in Südengland als Wohnsitz zugewiesen – dabei vielleicht an die geliebten Dörfer ihrer Jugend in Devon denkend –, und sie schreibt in ihrer Autobiographie *Meine gute alte Zeit,* dass es ein Dorf sei, das der Wirklichkeit so nahe kommt wie irgend möglich. Auch Miss Marple ist von der biographischen Wirklichkeit Agatha Christies nicht so sehr weit entfernt, denn in der bereits erwähnten Autobiographie heißt es über die altjüngferliche Detektivin, sie sei eine Dame von der Art wie Christies Großmutter. Nicht etwa, dass Jane Marple ein direktes Abbild der Großmutter gewesen wäre, aber einen Wesenszug hatte sie doch mit ihr gemeinsam: Sie war zwar heiter und aufgeschlossen, erwartete aber von ihren Mitmen-

schen immer nur das Schlechteste – und behielt gewöhnlich Recht damit.

Nun ist Miss Marple keine Pessimistin, sondern eine überzeugte Realistin, deren viktorianische Erziehung sie nicht daran hindert, die Welt um sich herum genau und kritisch wahrzunehmen – wenn auch bei manchen Themen ein leichtes Erröten jungfräuliche Zurückhaltung andeutet. Aber je älter Jane Marple wird – bei genauer Rechnung müsste sie in dem letzten Band über ihre Erlebnisse mehr als hundert Jahre alt sein –, desto unbefangener geht sie mit den Tatsachen des Lebens um. Sie ist eine zarte, doch zähe Person, schlank und hoch gewachsen, mit weißem Haar und sehr blauen Augen, die bevorzugt das sehen, was nicht für sie bestimmt ist. Sie lebt in beschränkten finanziellen Verhältnissen und ist dennoch unabhängig; sie muss ihren Lebensunterhalt nicht verdienen und kann bei ihren Ermittlungen als Lady agieren, die das Böse gewissermaßen als »Nemesis« verfolgt und moralischen, nicht materiellen Erfolg anstrebt. Als »alte Jungfer« wird sie von ihren Mitmenschen zuweilen belächelt, doch Unabhängigkeit und Selbstständigkeit erleichtern der ledigen Detektivin ihre Ermittlungen. Sir Henry Clithering, ein pensionierter Commissioner von Scotland Yard, empfiehlt sie

einem jungen Inspektor mit den Worten, er solle die alten Jungfern im Dorf nicht unterschätzen, denn eine alte Jungfer, die strickt und ihren Garten betreut, sei jedem Sergeant weit überlegen. Nun ist Miss Marple allerdings auch jedem Commissioner weit überlegen, wie Sir Henry selbst einräumen muss. Die alte Dame ist ganz gewiss keine Feministin, doch zu der Zeit, in der sie ihre kriminalistische Tätigkeit aufnimmt, ist sie eine ungewöhnliche Erscheinung. Sicherlich bleiben ihr manche negativen Meinungen verborgen, die die Gesellschaft über alte Jungfern hat. Zu Beginn ihrer Laufbahn kann sie höchstens mit amüsierter Toleranz rechnen, bis sie sich durch

Beliebter Treffpunkt am Nachmittag: *Miss Marple's tea room.*

ihre Erfolge zum Schutze eben jener Gesellschaft Respekt verschafft.

Ihre detektivischen Fähigkeiten trainiert sie bei der Beobachtung des dörflichen Alltags. Da sie davon ausgeht, dass der Mensch in seiner Natur immer gleich ist, gleichgültig wo und in welcher Schicht er lebt, kann sie mit frappierend anmutenden Analogien jeden Fall lösen, ob es sich nun um das Geheimnis der verschwundenen Krabbendose oder um das des toten Hotelportiers handelt.

Ein unbefangener Besucher des Dorfes St. Mary Mead vermag sich allerdings kaum vorzustellen, dass in dem kleinen, friedlichen Gemeinwesen Gemeinheiten zu vermuten seien. Wenn man den Dorfplan zu Rate zieht, der in dem Roman MORD IM PFARRHAUS für die nötige Übersicht sorgt, dann sehen wir zuerst die *High Street* als Mittelpunkt dörflichen Lebens. An ihrer einen Seite liegen die kleinen Läden, die alles für den täglichen Bedarf bieten, die Kirche, die über den Tag hinaus sorgt, und das Pub *The Blue Boar*, in dem man Gegenwart wie Zukunft gleichermaßen vergessen kann. Auf ihrer anderen Seite stehen die Häuser der drei Dorfparzen (Miss Marple, Miss Hartnell und Miss Wetherby), die nicht nur durch ihre Gesprächsfreude, gelegentlich auch Klatschsucht genannt, auf Schicksale im Dorf Einfluss nehmen. Neben dem Cottage von Miss Marple, das strategisch günstig fast im Dorfkern liegt, befindet sich an der *Vicarage Road* die Praxis von Dr. Haydock und seitlich davon wiederum das Pfarrhaus. Etwas außerhalb des Ortes sind die beiden großen Häuser gelegen, die – früher im Besitz von Landadeligen – jetzt von wohlhabenden pensionierten Offizieren oder nicht minder wohlhabenden Filmstars bewohnt werden.

Die kleine Welt des Dorfes ist übersichtlich und geordnet, die jeweilige Rolle eines jeden Einwohners scheint dauerhaft ins Drehbuch sozialer Hierarchie eingeschrieben.

Die Sicherheit des Alltags, die vermeintliche Friedfertigkeit im Miteinander lassen die Illusion einer heilen Welt entstehen. Und gerade deshalb ist der Schock besonders groß, wenn die Idylle unvermutet mit der Gewalttätigkeit krimineller Existenzen konfrontiert wird, denen man, da Nachbarn und Bekannte, nichts Böses zutraut. Abgesehen von Miss Marple natürlich!

Wystan Hugh Auden kennzeichnet jenen friedlichen Schauplatz unfriedlicher Ereignisse treffend in seinem Essay »The Guilty Vicarage«. Diese geschlossene Gesellschaft sei von solcher Unschuld, dass ein Mord geradezu eine frevelhafte Verletzung des ursprünglichen Gnadenzustandes darstelle und kaum ein größerer Gegensatz denkbar sei als der zwischen dem Horror des Verbrechens und der Harmlosigkeit der Umwelt. Die Aufgabe des Detektivs kann es nur sein, durch seine Ermittlungen möglichst schnell den Zustand der alten Ordnung wiederherzustellen und den dörflichen Garten Eden zu restituieren. Und das um so notwendiger, wenn das Verbrechen ruchloserweise im Hort des Friedens, im Pfarrhaus stattgefunden hat.

Reverend Leonard Clement ist der sanftmütige Pfarrer von St. Mary Mead, der trotz seiner Güte durchaus Flüche auf die unsympathischen Schafe seiner Herde zu schleudern vermag (MORD IM PFARRHAUS). Wer Oberst Protheroe umbrächte, würde der Welt einen Dienst erweisen, stellt er eines Tages beim Mittagessen fest, und nur wenig später wird der unausstehliche Oberst erschossen im Studierzimmer des Geistlichen aufgefunden. Wer mag diese gemeine Freveltat begangen haben? Der zuständige Inspector Slack, trotz seines Namens eifrig und dynamisch, wenn auch nicht effektiv, hat viele Vermutungen und keine Beweise, und da geht es ihm nicht anders als den übrigen Dorfbewohnern. War es die attraktive Ehefrau des Getöteten oder der nicht minder attraktive Maler, ihr Geliebter? Auf diese beiden scheinen alle Indizien so eindeutig hinzuweisen, dass selbst unfähigere Polizisten als Slack eine Verhaftung vornehmen müssten. Doch die Indizien trügen! Dann sind da noch die vornehme und welterfahrene Mrs. Lestrange, die so gar nicht in das dörfliche Milieu passt, dem Ermordeten aber den Tod angedroht haben soll, außerdem die argwöhnisch observierte Tochter des Opfers, die in Streit mit dem Vater lebte, und selbst die charmante und humorvolle Pfarrersfrau Griselda, die früher einmal dem umworbenen Künstler eng verbunden war, gerät in Verdacht. Während die Polizei noch mühsam das Beweismaterial sortiert und sichtet, hat Miss Marple längst begonnen, ihre Beobachtungen zu Schlussfolgerungen zu verdichten – Beobachtungen, die sie beim Stricken am Fenster oder bei der Gartenarbeit machte. Sie hilft mit, ein Komplott zu schmieden, um den Mörder durch eine List zu überführen.

Slack erntet die Lorbeeren und Miss Marple die Genugtuung, einen Alptraum aus dem kleinen Gemeinwesen vertrieben zu haben – jedenfalls bis zum nächsten Mord. Und wenn man zynisch wäre, könnte man eine solche Untat als Stärkungsmittel für die alte Dame betrachten, denn immerhin überlegt Dr. Haydock, ob er nicht der kranken und leicht deprimierten Miss Marple einen »hübschen, saftigen Mord« verschreiben soll, damit sie auf andere Gedanken kommt und ihre Genesung schneller voranschreitet. Jane Marple fühlt sich manchmal hinfällig und schwach; nicht das Altern ist es, was sie stört, sondern das »Drumherum«, und dazu gehört auch, dass sie kaum noch ihrer geliebten Gartenarbeit nachgehen kann.

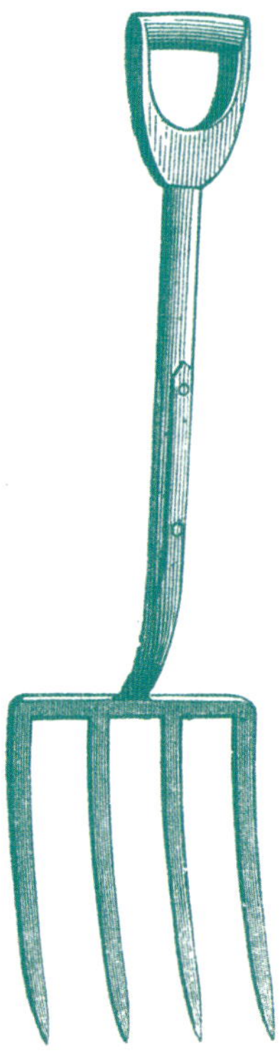

Der Garten von Miss Marple ist nicht sehr groß, aber so bunt, wie ein richtiger Cottage-Garten sein muss: mit vielen Staudenpflanzen, mit Rittersporn und Löwenmäulchen, mit Wicken und zahlreichen Rosenarten, doch mit wenig Gemüse – Farben und Duft sind mitunter wichtiger als Vitamine. Es gibt wohl kein Hobby, das passender wäre für eine Lady auf dem Lande als die »Gartenkunst«. 1804 wurde in

London die *Royal Horticultural Society* gegründet, und obwohl sie anfangs eher einem Herrenclub glich, war sie doch eine der wenigen Institutionen, die schon sehr früh Frauen als Mitglieder zuließ. Nicht nur deshalb wurde der Gartenbau zunehmend eine Domäne der Frauen, die mit großem Engagement, das zuweilen der Leidenschaft nicht entbehrte, überall in England neue Gärten an alten Häusern schufen. Die Strenge der viktorianischen Anlagen wurde zugunsten einer eher wilden Ordnung aufgegeben. Viele junge Frauen setzten ihr kreatives Potential im Grünen ein. Statt zu Pinsel oder Stift griffen sie zu Hacke und Spaten – sofern sie nicht, wie Gertrude Jekyll, die Klassikerin des Cottage-Gartens, oder Vita Sackville-West, eine der bedeutendsten Schriftstellerinnen und Gartengestalterinnen des 20. Jahrhunderts, beides miteinander verbanden. Nun wird man Miss Marple nicht zur Avantgarde englischer Gärtnerinnen zählen dürfen, aber mit ihrem Steckenpferd reiht sie sich ein in die große Gruppe jener Engländerinnen, die die Insel zu einem Gartenparadies gemacht haben.

Miss Marple auf Reisen

Auch wenn die Dorf-Detektivin ihr ländliches Refugium verlässt, muss sie sehr bald kriminalistisch tätig werden. Von ihrem Neffen hat sie einen Aufenthalt im Hotel Bertram geschenkt bekommen – einem Haus, das sie noch aus ihrer Jugend kennt und das sich den Charme edwardianischer Lebensweise bis in die Gegenwart erhalten hat. Das Hotel liegt in einer ruhigen Straße des West End, es ist würdevoll, unaufdringlich und unauffällig teuer. Wem allerdings diese Hotelszenerie eher wie eine Kulisse vorkommt, in dem ein noch unbekanntes Stück gespielt wird, der hat Recht. Ein Mord geschieht, ein Kanonikus verschwindet auf mysteriöse Weise, und in London und Umgebung werden von einer Gangsterbande erfolgreiche Raubzüge begangen. Erst Miss Marple entdeckt, dass Bertrams Hotel das Hauptquartier dieser Bande ist und dass die attraktive Nostalgie des Hauses nur zur Tarnung diente.

Die holzgetäfelte *Tea Lounge* im berühmten Londoner Brown's Hotel: Hier wird das Ritual des englischen Nachmittagstees noch in traditioneller Weise zelebriert.

Falls heute ein Londonreisender eine Vorstellung von Miss Marples (und auch Agatha Christies) Londoner Lieblingshotel gewinnen möchte, dann sollte er Brown's Hotel in Mayfair aufsuchen, das zwischen Dover und Albemarle Street, also in der Nähe von Piccadilly liegt. Hier stiegen einst geistliche Würdenträger und vornehme Witwen der Aristokratie ab, und nach dem Krieg fanden sich auch Touristen aus Übersee ein, die einmal das fast beängstigende Gefühl erleben wollten, in eine versunkene Zeit versetzt zu sein. Dazu gehörte auch, dass in diesem Hotel das Ritual des englischen Nachmittagstees noch in traditioneller Weise zelebriert wurde. Dieser Tee war eine glanzvolle Angelegenheit: Da gab es wappengeschmückte Silbertabletts, georgianische Teekannen und echtes Porzellan, in dem man feinsten Darjeeling servierte, und an Essbarem wurde alles geboten, was einen Afternoon Tea perfekt macht, wie zum Beispiel *Muffins* und *Scones*, köstliche Erdbeermarmelade und Schälchen voll gelber, sahniger *Clotted Cream*. Auch heutzutage ist der Nachmittagstee äußerst beliebt, in der holzgetäfelten *Tea Lounge* gibt es selten einen freien Platz, und in den bequemen Sesseln haben nicht etwa nur Touristen Platz genommen, die einmal vor knisterndem Kaminfeuer und mit sanfter Klaviermusik im Hintergrund die Freuden eines echten englischen Tees genießen möchten. Brown's Hotel, 1837 von einem Dienerehepaar Lord Byrons gegründet, wurde im Laufe der Jahre zu einem Treffpunkt prominenter Gäste, wie zum Beispiel Napoleon III., Franklin D. Roosevelt oder Rudyard Kipling.

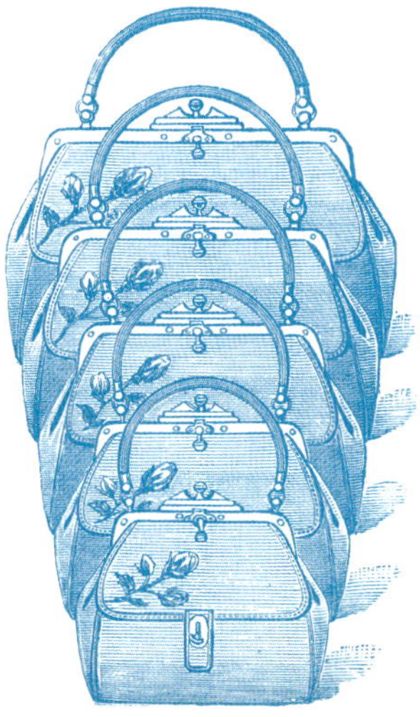

Jane Marple verreist nicht ganz so häufig wie ihr Kollege Hercule Poirot, doch dank der Hilfe ihres Neffen kann sie sogar einen Trip in die Karibik unternehmen. Am liebsten jedoch macht sie Ferien an der englischen Südküste, in einem jener Badeorte, deren Hotels über einen

ähnlich nostalgischen Charme verfügen wie Brown's. Und es ist vielleicht kein Zufall, dass sich Miss Marple besonders gerne nach Torquay begibt und dort im Imperial Hotel absteigt, von dessen Terrasse man einen weiten Blick über die unten gelegene Bucht hat. Agatha Christie, in Torquay geboren, lässt ihre Detektive häufiger an die englische Riviera reisen und von dort Ausflüge ins Dartmoor oder in die kleinen Nachbarorte machen, wie zum Beispiel nach Cockington, wohin auch Christie selbst gerne fuhr, um Freunde zu besuchen. Wer heute nach Torquay kommt, kann, von Reiseführern geleitet, auf den Spuren der Autorin wandeln und auf verschiedenen *Agatha Christie Trails* das Devon der Schriftstellerin, deren Lieblingsorte und die von ihr bevorzugten kulinarischen Köstlichkeiten wie Cream Tea mit riesigen Mengen *Clotted Cream* entdecken.

Reiche Fassadengestaltung, wie sie für Stadthäuser der gehobenen Kategorie in englischen Küstenorten üblich ist.

Manchester und die neuen Verbrechen

Das Erstaunen über die Kriminalstatistik von St. Mary Mead resultiert unter anderem daraus, dass man gewöhnlich die höhere Verbrechensquote in der Stadt, bevorzugt in der Großstadt vermutet. Bei genauerer Betrachtung der insularen Topographie des Verbrechens stößt der Leser auf Manchester, wo die Welt weder dem Anschein noch der Realität nach friedfertig ist. Zwischen St. Mary Mead und der Metropole im Nordwesten Englands liegen etwa 300 Meilen, dagegen ist die virtuelle Entfernung, die der Leser bei seiner Reise vom Dorf in die Großstadt zurücklegen muss, sehr viel größer, scheint manchmal fast unüberwindlich. Doch gibt es im Bereich kriminalistischer Aktivitäten eine Gemeinsamkeit: Auch in Manchester sorgt eine Frau dafür, dass die Kriminalität nicht überhand nimmt. Allerdings ist Kate Brannigan, die junge Privatdetektivin und Mitinhaberin der Sozietät *Mortensen & Brannigan*, in fast jeder Weise anders als Miss Marple, und auch die Verbrechen, die sie aufzuklären hat, die Verbrecher, mit denen sie konfrontiert wird, würden die ältere Lady vermutlich nicht wenig verstören. Aber erfolgreich sind sie beide. Vielleicht ist es kein Zufall, dass Val McDermid, die in der Nähe von Manchester lebende Schottin und »Biographin« von Kate Brannigan, ihrer Heldin zur Entspannung die Lektüre von Agatha-Christie-Romanen verordnet – bevorzugt Mord im Pfarrhaus. Und wenn man den Weg von St. Mary Mead nach Manchester unter kriminalliterarischen Aspekten beschreiben will, dann müsste man Begriffe wie *cosy* und *hard-boiled* bemühen, mit denen die Geschichten der sanften, doch unnachsichtigen Miss Marple und der zähen, kämpferischen, doch nachsichtigen Kate Brannigan zu charakterisieren wären. Von Val McDermid erfahren wir recht detailliert, wie sie ihrer Heldin ins kriminalistische Leben verhalf und deren Charakter entwickelte. Die Autorin gibt vor zu annoncieren: Schriftstellerin sucht weiblichen Privatdetektiv,

in Manchester wohnend, mit Verstand und Sinn für Humor. Und am Ende des kreativen Gedankengangs steht gewissermaßen eine imaginierte »beste Freundin«: Kate Brannigan. Und Brannigan als Freundin, ja als Kumpel zu haben, würde sich mancher wünschen, denn sie ist hilfsbereit und einsatzfreudig, konditionsstark und genussfähig, kaltblütig und sensibel, kurz: jemand, auf den man immer zählen kann.

Kate bricht ein Jurastudium ab, nachdem sie gemerkt hat, dass ihr der Aushilfsjob in einer Detektei sehr viel mehr über Recht, Gesetz und Gesetzesbrecher beibringt, als es die Universität vermocht hätte. Sie kauft sich als Juniorpartnerin bei Bill Mortensen ein, der vor allem auf Wirtschaftsdelikte und Computersicherheit spezialisiert ist. Dort sammelt sie sehr schnell Erfahrungen mit dem neuen Medium, sodass sie es bald intensiv nutzen kann, und zwar nicht nur für ihre mit Leidenschaft betriebenen Computerspiele, bei denen sie – zur Entspannung nach einem harten Job – schon mal die Welt rettet. Normalerweise aber begnügt sie sich damit, die Sicherheit ihrer Klienten zu gewährleisten, deren Geld oder manchmal sogar deren Leben zu retten. Sie tritt damit nicht etwa in Konkurrenz zur Greater Manchester Police, sondern ist bei manchen Fällen durchaus auf die Hilfe ihrer Freundin, Detective Chief Inspector Della Prentice, angewiesen, die wie Kate versucht, sich in einer Männerwelt zu behaupten. Nebenbei sei angemerkt, dass 1858 Emmeline Pankhurst, die Gründerin der Suffragettenbewegung, in Manchester geboren wurde – vielleicht ein Vorbild für energische junge Frauen.

Aber auch energische junge Frauen brauchen Unterstützung bei ihren Aktivitäten, vor allem wenn sie einen so gefährlichen und aufregenden Job haben wie Kate Brannigan und knapp 1,60 groß sind (ein Euphemismus für ihre tatsächlichen 1,57). Die nötigen Streicheleinheiten nach Feierabend verschafft ihr Richard, Freund und Hausgenosse, dessen Zuneigung zu Kate zuweilen in Konkurrenz steht mit seinem Hang zum Chaos und seiner Leidenschaft für chinesisches Essen. Die nötigen Tricks, um sich auch in gefährlichen Situationen behaupten zu können, hat Brannigan von Dennis gelernt, einem treu sorgenden Familienvater, der seine Fürsorge zuweilen für einen Gefängnisaufenthalt unterbrechen muss, da er seine Einnahmen aus höchst dubiosen Quellen bezieht. Dennis hat Kate zu ihrem zweiten, überlebenswichtigen Hobby geführt, dem Kickboxen – für schnelle, knochenbrechende Tritte unbedingt empfehlenswert. Obendrein bringt er ihr bei, wie man rasch und ohne Spuren zu hinterlassen in verschlossene Räume eindringt – eine Fertigkeit, durch die Kate bei manchen Ermittlungen überhaupt erst Erfolg haben kann.

Mortensen & Brannigan haben ihr Büro wenige Schritte von den BBC-Büros entfernt auf der Oxford Road, nahe der Universität und dem Stadtzentrum. Wenn man zu Fuß in die Stadt geht, kommt man am Charterhouse Hotel vorbei, einem prachtvollen viktorianischen Bauwerk, früher Hauptsitz der *Refuge Assurance Company*, an dem man sehr gut den früheren Reichtum der Stadt erkennen kann. Einige Schritte weiter am Peter's Square kündet das *Midland Hotel* von Luxus und Komfort vergangener Zeiten. Ende des letzten Jahrhunderts gebaut, war es der Treffpunkt von Wirtschaft und Industrie – Mr. Rolls und Mr. Royce verabredeten hier 1904 ihre Zusammenarbeit. Später sind es Showstars, Sänger und Schauspieler, die das *Midland* für ihre Auftritte nutzen, und auch ein Abenteuer von Brannigan nimmt in dem Haus seinen Anfang. An diesem Ort wird fast symbolisch der Gegensatz zwischen der heutigen Großstadt mit ihren »großstädtischen« Verbrechen und dem früheren Manchester deutlich, das im kontinentalen Bewusstsein immer noch präsent ist. In einem solchen »alten« Manchester wäre vielleicht sogar Miss Marple denkbar gewesen.

Am Ende des 19. Jahrhunderts war Manchester hinter London, Paris und Berlin die viertgrößte Stadt Europas, mit langer Tradition als Zentrum englischer Wirtschaft und Industrie. Vor allem der Handel mit Baumwolle und die anschließende Verarbeitung dieses Naturproduktes verhalfen Manchester zum ökonomischen Aufstieg und machten es zu einer Art »Cottonopolis«. Eine Vielzahl von Baumwollspinnereien schuf die Grundlage für sehr schnell wachsende Prosperität – und zugleich für eine unbeschreibliche Verelendung jener Bevölkerungsgruppen, deren Arbeitskraft diesen Wohlstand erwirtschaftete. Nicht zuletzt ein Friedrich Engels beklagte die schrecklichen Lebensverhältnisse der Arbeiter. Wer heute nach Manchester kommt, kann die Zeugen dieses Wirtschaftszweiges nur noch als museale Spuren erkennen: Riesige Lagerhäuser wurden zu Luxushotels, Bahnhöfe zu Ausstellungshallen umgestaltet, und die *Royal Exchange* verwandelte sich in ein Theater. An den

Im Herzen Manchesters: der Sitz der British Broadcasting Cooperation (BBC) und des Büros von Mortensen & Brannigan.

Kanälen warten nicht mehr Kaufleute auf das Entladen der Schiffe, sondern in der Canal Street stehen Vergnügungssüchtige an, um einen Platz in den zahlreichen Restaurants und Bars zu erobern oder um sich in das Nachtleben der sehr lebhaften *gay and lesbian community* zu stürzen.

Das Midland-Hotel in Manchester hat nahezu Kultstatus. Hier verabredeten Mr. Rolls und Mr. Royce 1904 ihre Zusammenarbeit.

Eine neue »Industrie«, eine saubere und zugleich laute, hat von der Stadt Besitz ergriffen: Manchester ist zum kreativen Mittelpunkt der Musikszene in England geworden, und das nicht nur, weil es (fast) ebenso am Mersey liegt wie das westlichere Liverpool. Popgruppen von der ganzen Insel kommen hierher in der Hoffnung, einen erfolgreichen Auftritt in einem der zahlreichen Clubs zu absolvieren und dabei von einem Manager oder einem Musikjournalisten gehört zu werden, wodurch ihre Karriere einen Anfang nehmen könnte. In dieses neue Manchester mit seinen »neuen« Verbrechen gehört Kate Brannigan.

Ihr Lebensgefährte schreibt Musikkritiken für Rock- und Popfans, und deshalb weiß die Detektivin, was die Jugend gerade schätzt, selbst wenn es nicht immer ihr eigener Geschmack ist. Aus diesem Grunde kann sie auch für einen Popstar tätig werden, der von ihr seine ehemalige Partnerin suchen lassen möchte. Zusammen mit Richard wird sie zu einer Party ins *Midland* eingeladen und erhält dort den scheinbar harmlosen Auftrag, der sie sowohl in die Drogenszene von Manchester als auch in die Glitzerwelt der Stars und ihrer (männlichen wie weiblichen) Groupies führt. Und da bei ihr aus einem Fall immer ein Abenteuer wird, gerät die Suche nach einer Verschwundenen sehr bald zur Suche nach einem Mörder, den Brannigan am Schluss ihrer Ermittlungen – fast wie Poirot – vor den versammelten Verdächtigen überführt (ABGEBLASEN).

Bei nahezu allen Aufträgen sieht sich Kate mit dem Problem konfrontiert, dass ihre Mandanten von ihr Hilfe in einem Fall von Wirtschaftskriminalität erwarten, ohne zu bedenken, dass überall dort, wo es um viel Geld geht, nicht nur das Vermögen, sondern auch das Leben gefährdet ist –

meistens das der Detektivin. Selbst beim »Fall der verschwundenen Wintergärten« (KICK BACK), der sich harmlos genug anlässt und an eine Sherlock-Holmes-Geschichte erinnert, wie Kate ironisch anmerkt, kommt sie nicht nur einem Hypothekenschwindel auf die Spur, sondern entdeckt außerdem noch einen erhängten Mann in Frauenkleidern, recherchiert im Transvestitenmilieu und muss um ihr Leben kämpfen. Einmal mehr findet sie sich mit argen Blessuren im Krankenhaus wieder, in dem sie fast schon Stammpatientin ist. Aber genau genommen – so würde Brannigan sagen – bekommt man nach dieser Schilderung ein ganz falsches Bild von ihrem Job, denn auf der Tagesordnung stehen weniger handgreifliche Auseinandersetzungen, sondern viel eher der Kampf gegen Müdigkeit und Hunger. Die meiste Zeit verbringt sie nämlich bei Observationen in kalten Autos und ernährt sich dabei von Pizza und ähnlichen Take-away-Mahlzeiten, deren beste noch *Fish & Chips* von *Harry Ramsden* sind, dem »Ritz« unter den einschlägigen Restaurants. Hier wird der Imbiss, der lange vorhält, nicht mehr im traditionellen Zeitungspapier über den Tresen gereicht, sondern man serviert den in knuspriger Teighülle (nach geheimem Rezept!) ausgebackenen Fisch schon etwas feierlicher. Oder sie geht auf einen Sprung in die Sandwich-Bar an der Deansgate-Station, wo man ihren Geschmack sehr genau kennt – so genau, dass man ihn mit einem *Brannigan-Butty* im Sortiment ehrt.

Dann gibt es auch wieder ruhigere Zeiten, und Kate kann sich zusammen mit Richard auf kulinarische Genüsse in Chinatown freuen. Dies exotische Viertel liegt im Herzen von Manchester und ist nach London die zweitgrößte chinesische Gemeinde auf der Insel, mit einem beeindruckenden, von China gestifteten Torbogen, der Frieden, Gesundheit und Reichtum symbolisieren soll. Mit Sicherheit aber symbolisiert er den Eingang zu besonderen kulinarischen Freuden, von denen das junge Paar vor allem Dim Sum, Salz-und-Pfeffer-Rippchen, Krabben-Wantans und viele andere Köstlichkeiten der kantonesischen und der Szechuan-Küche schätzt. Sehr häufig holen sie sich diese nach Hause, bevorzugt aus dem *Yang Sing*, das für sein umfangreiches Angebot bekannt ist. Olfaktorisch sensible Leser werden in den Büchern den Duft von süßsaurer Sauce, indischen Gewürzen und einer kräftigen Menge Knoblauch wahrnehmen, vermischt mit dem Geruch gut frittierter Chips.

Auf den Spuren von Brannigan lernt man Manchester und die Vielfalt seiner ethnischen Küchen kennen, und dabei kommt man auch in jene Bezirke, in die sich ein Tourist kaum verirren würde – und wenn er es täte, könnte er durchaus in die Verlegenheit kommen, anschließend die Detektivin zu Hilfe rufen zu müssen.

Deli-Shop an der Deansgate-Station.

曼徹斯特中國城
CHINA TOWN MANCHESTER
FAULKNER STREET
NICHOLAS STREET
HO'S BAKERY
Canton City

Cream Tea mit Miss Marple
Asian Food mit Kate Brannigan

Miss Marple, diese eigenwillige, altmodische Detektivin, hat auch die zu ihrer Person und ihrem Lebensrahmen passenden altmodischen Hobbys: Sie strickt gerne, sie liebt die Arbeit in ihrem schönen alten Cottage-Garten mit seinen duftenden Blumen, und sie liebt den traditionellen englischen Nachmittagstee, der neben geistiger Anregung sowie körperlicher Stärkung und Erholung auch eine willkommene Gelegenheit ist, in Gesellschaft ihrer beiden alten Freundinnen die Dorfereignisse von St. Mary Mead zu diskutieren, die Skandale des Tages im schlimmstmöglichen Licht zu betrachten (»TEE UND SKANDALE UM HALB FÜNF«) und anschließend das Gespräch den Alterswehwehchen und deren möglicher Behandlung zuzuwenden.

Die Rituale des Cream Tea, im viktorianischen England entstanden, im edwardianischen vervollkommnet, werden von Miss Marple sowohl zu Hause praktiziert als auch während ihrer Aufenthalte in einschlägig renommierten Londoner Hotels genossen: schön gedeckter Tisch, fein gefaltete Servietten, chinesisches Porzellan, silberne Tabletts, eine anmutige Etagere für Sandwiches und Gebäck, frische Blumen. Außer einer großen Kanne dampfenden Tees (Darjeeling und Earl Grey sind besonders beliebt) nebst Zucker und Milch (Miss Marple mag den Tee lieber ohne Milch) besteht diese Nachmittagsorgie klassischerweise aus drei Gängen, die meist gleichzeitig serviert werden: diverse Sandwiches oder Toasts, Scones mit Clotted Cream und Erdbeermarmelade bester Qualität sowie verschiedene Gebäck- und Kuchenstücke.

Sandwiches

Diese Teesandwiches sind schmale, längliche, ganz präzise geschnittene »Weißbrotfinger« oder kleine Dreiecke und werden mit der Hand gegessen. Das Weißbrot muss dünn (etwa 1/2 cm) geschnitten sein, die Rinde wird entfernt. Die fertigen Sandwiches werden auf einer Etagere arrangiert. Pro Person rechnet man 6-8 Stück.

Gurkensandwich

2 TL frischer gehackter Dill
4 TL weiche Butter
1/4 Gurke, geschält, in hauchdünne Scheiben geschnitten
4 Scheiben dünnes Weißbrot
Salz, weißer Pfeffer, etwas Essig

Den Dill mit der Butter verrühren. Die Gurkenscheiben mit dem Essig beträufeln und salzen, eine halbe Stunde ziehen lassen, dann in ein Sieb geben zum Abtropfen der Flüssigkeit. Die Weißbrotscheiben mit der Dillbutter bestreichen, zwei davon mit je 2 Lagen Gurkenscheiben belegen, salzen, pfeffern. Die beiden anderen gebutterten Scheiben darauf legen, andrücken, die Rinden abschneiden und in jeweils 4 gleiche Stücke teilen.

Sandwich mit geräuchertem Lachs

4 dünne Weißbrotscheiben
Butter
80 g geräucherter Lachs, ganz fein gehackt
100 g Crème fraîche
je 1/4 TL frisch gemahlener weißer Pfeffer und Muskat
2 TL Whisky
2 große, dünn geschnittene Scheiben Räucherlachs
kleine Zitronenschnitze zum Garnieren

Die Hälfte der Crème fraîche mit den Lachswürfelchen verrühren und die Masse durch ein Sieb drücken oder pürieren. Whisky, Pfeffer und Muskatnuss unterrühren, kalt stellen. Die restliche Sahne steif schlagen und vorsichtig mit der Lachsmasse vermengen, auf zwei gebutterte Weißbrotscheiben verteilen. Die ganzen Lachsscheiben und die beiden anderen gebutterten Brotscheiben darüber legen, andrücken, die Rinde entfernen und in 4 Stücke schneiden.

Sandwich mit Geflügel-Walnuss-Salat

1/2 Tasse gekochte Hähnchenbrust, fein gewürfelt
1/4 Tasse Walnusskerne, fein gehackt
1 TL kleine Schalottenwürfel
4 TL Mayonnaise,
mit Senf und Worcestersauce abgeschmeckt
Salz, weißer Pfeffer aus der Mühle
4 Scheiben Weißbrot,
Butter

In einer kleinen Schüssel die ersten vier Zutaten vermengen, nach Geschmack salzen und pfeffern. Wie vorher beschrieben Sandwiches herstellen.

Scones

225 g Mehl
2 TL Backpulver
50 g Butter
50 g feinster Zucker
50 g Korinthen
100 ml Milch
1 Ei für die Glasur

Ofen auf 220 Grad vorheizen. Ein Backblech mit Backpapier belegen. Mehl und Backpulver in eine Schüssel sieben. Die Butter in kleine Stücke schneiden und mit den Fingerspitzen mit dem Mehl verreiben. Zucker, eine Prise Salz, Milch und Korinthen dazugeben und alles zu einem weichen Teig verarbeiten. Diesen auf einer bemehlten Arbeitsfläche etwa 2 cm dick ausklopfen oder ausrollen. 8 Kreise von 6 cm Durchmesser ausstechen und auf das Backblech setzen. Mit dem verquirlten Ei bestreichen, auf der mittleren Einschubleiste 10-15 Minuten goldgelb backen (sie sollen ihr Volumen verdoppeln). Noch warm und immer frisch mit Clotted Cream und sehr guter Erdbeermarmelade (am besten selbst gemachter) servieren.

Die zum Cream Tea unbedingt gehörende Clotted Cream ist eine Spezialität, die vorwiegend in Cornwall und Devon hergestellt und von dort nach London und ins übrige England »exportiert« wird. Diese dicke, gelbliche Sahne wird aus dem Rahm fetter, 24 Stunden abgestandener und dann langsam erhitzter Milch gemacht und schmeckt am besten frisch vom Bauernhof (*fresh farm produced clotted cream*) – doch so bekommt man sie nur »vor Ort«. Ansonsten muss man auf die in den Supermärkten erhältliche, von großen Molkereien produzierte Clotted Cream zurückgreifen, die durchaus von guter Qualität sein kann. In Deutschland dürfte man Schwierigkeiten haben, Clotted Cream überhaupt zu bekommen (allenfalls in den Lebensmittelabteilungen großer Kaufhäuser wie dem KaDeWe in Berlin). Ein schwacher Ersatz wäre dann Crème double oder geschlagene Sahne.

Orangen-Mandelkuchen

60 g feine, weiße Semmelbrösel
120 g geschälte gemahlene Mandeln
Saft von 3 Orangen
abgeriebene Schale von 2 Orangen
120 g feiner Zucker
2 Eier

Eine Backform fetten und mehlen. Semmelbrösel, Mandeln, abgeriebene Schale von 2 Orangen und den Saft von 3 Orangen vermischen. Eigelb und Zucker aufschlagen und in die Orangenmischung rühren. Eiweiß steif schlagen und unterheben. In die Form füllen, Orangenschalenstreifen (zestes) der dritten Orange und Zucker darüber streuen. 25-30 Minuten bei mittlerer Hitze (180 Grad) backen. Abkühlen lassen und mit Schlagsahne servieren.

Asian Food mit Kate Brannigan

»Rasul & Lal's Sandwich-Bar« an Manchesters Deansgate-Station bietet die leckersten *butties* der Stadt. Einige davon sind sogar nach diversen Stammkunden benannt. Auch Kate Brannigan kehrt dort oft zu einer kleinen Pause ein, um sich mit ihrem Lieblingssandwich zu stärken.

Brannigan-Butty

1/2 knuspriges Baguette, längs aufgeschnitten
1 Dose Thunfisch im eigenen Saft
1 Frühlingszwiebel, in feine Ringe geschnitten
10 schwarze Oliven, vom Stein geschnitten
2-3 EL Mayonnaise
2 Tomaten, einige kleine Salatblätter
Butter zum Bestreichen

Die Mayonnaise mit den Frühlingszwiebelringen und den Oliven mischen. Die gebutterten Baguettehälften mit Salatblättern, Thunfischstücken, Mayonnaise und Tomatenscheiben belegen, mit einigen Olivenstückchen und Petersilienblättern garnieren.

Nach des Tages Hektik und Frust genehmigen sich Kate und ihr Freund Richard, dessen Vorliebe für chinesisches Essen Kate teilt (auch wenn sie gelegentlich Seitensprünge in die indische Curry-Küche unternimmt), nicht selten ein opulenteres Essen, sei es in ihrem Lieblingsrestaurant selbst oder sie holen sich die Speisen nach Hause, wobei die seit dem Frühstück ausgehungerte Kate die »chinesische Aromafolter« im Auto oft kaum zu ertragen vermag.

Als Vorspeise, nach den obligatorischen Aperitifs (Wodka mit Grapefruitsaft für Kate, Southern Comfort mit Soda für Richard), bevorzugen sie Dim Sums (was übersetzt »kleine Herzen« heißt).

Krabben-Wantan

16 Wantan-Blätter (TK, Asia-Supermarkt)
300 g frisches Garnelenfleisch, grob gehackt
50 g Schweinefett
1 Stange Zitronengras, die untere Hälfte fein geschnitten
150 g Bambussprossen, klein gehackt
2 Frühlingszwiebeln, nur die unteren Hälften,
in dünnen Ringen
15 g frische Ingwerwurzel, gerieben
je 1 TL Sesamöl, Zucker, Salz, weißer Pfeffer
2 TL Maisstärke
1 Eiweiß, steif geschlagen
1 Bund frisches Koriandergrün

Alle Zutaten, außer den beiden letzten, mit den Fingern zu einer glatten, leicht klebrigen Masse verarbeiten. Jeweils einen knappen Esslöffel davon auf die aufgetauten Wantan-Hüllen setzen, mit Eiweiß umstreichen, je ein Korianderblatt darauf legen, die Teigecken zur Mitte hochklappen und zu einer Federballform drehen. Entweder in einem Bambusdampfkorb über kochendem Wasser (aromatisiert mit den Resten von Ingwer, Frühlingszwiebel und Zitronengras) etwa 12 Minuten dämpfen oder in heißem Erdnussöl frittieren. Mit Sojasauce servieren.

Süßsaure Rippchen

1 kg Spareribs
90 g Maisstärke
Öl zum Frittieren
Krabbenbrot (Kroepoek, Asialaden)

Würzmischung

4 EL dunkle süße Sojasauce
3 EL Tomatenketchup
3 EL Essig · 2 EL Sherry
2 EL Honig · 1 EL Zucker · 1 TL Salz
1 Tasse Fleischbrühe
2 kleine rote Chilischoten, fein gehackt

Die Spareribs in schmale Streifen schneiden, in Maisstärke wenden, sodass sie dick überzogen sind, Überschuss abschütteln.

Das Öl in einem Wok mäßig heiß werden lassen. Das Krabbenbrot ausbacken, bis es locker und knusprig ist. Herausnehmen, abtropfen lassen, um den Rand einer Servierplatte verteilen.

Die Spareribs etwa 6 Minuten im Öl frittieren. Sobald sie eine schöne Farbe haben, kross und fast gar sind, mit einem Schaumlöffel herausheben.

Das Öl abgießen, die gesamten, bereits vermischten Würzzutaten in den Wok geben, zum Kochen bringen, 2-3 Minuten kochen. Dann die Rippchen zufügen und etwa 10 Minuten köcheln, bis sie sehr weich sind und die Soße zu einer dicken Glace eingekocht ist, die das Fleisch überzieht.

In die Mitte der vorbereiteten Platte legen und das Gericht servieren.

Geschnetzelte Ente mit Cashewnüssen

2 große Entenbrüste mit Haut (ca. 400 g),
in Scheiben geschnitten
1 Eiweiß, kräftig geschlagen
1 EL Maisstärke
1 TL Salz
1 TL Fünf-Gewürze-Pulver (Asialaden)
1 Tasse Cashewkerne
1 große grüne Paprikaschote, halbiert und
in Streifen von 1/2 cm geschnitten
1/2 l Erdnussöl

Würzmischung

3 EL helle Sojasauce
2 EL Reiswein oder trockener Sherry
3 EL Zucker · 1 TL Sesamöl
1 Tasse Hühnerbrühe
1 grüne Chilischote, in feine Ringe geschnitten
Salz, Pfeffer

Das Entenfleisch mit Eischnee, Maisstärke, Salz und Gewürz in einer Schüssel mischen und 15 Minuten durchziehen lassen. Das Öl im Wok erhitzen und die Cashewkerne ausbacken, bis sie golden sind, herausnehmen und auf Küchenpapier abtropfen lassen. Nun das Entenfleisch wenige Minuten bei starker Hitze im Wok braten, bis es gar ist, dann herausnehmen. Jetzt die Paprikastreifen in dem Öl garen, bis sie sich leicht verfärben, herausheben, abtropfen lassen.

Das Öl bis auf 2 Esslöffel abgießen und die Würzmischung im Wok unter ständigem Rühren zum Kochen bringen. Fleischscheiben und Paprikastreifen dazugeben und kurz bei hoher Temperatur erhitzen. Das Gericht eventuell mit etwas angerührter Maisstärke andicken, zuletzt die Nüsse zufügen, dann mit Reis servieren.

Die alltägliche Untat

Der Detektiv der Grafschaft

Chief Inspector Morse
und seine Kollegen

Nicht nur Scotland Yard geht auf Verbrecherjagd. Der Zuständigkeitsbereich der Thames Valley Police reicht weit über die Grenzen Oxfords hinaus.

Vom Kontinent aus gesehen, also aus weiter Ferne, scheint es nur eine wichtige Polizeibehörde in Großbritannien zu geben: Scotland Yard. Bei genauerer Betrachtung aber wird deutlich, dass Polizeiarbeit wie überall zuerst einmal eine regionale Aufgabe ist, die von den Beamten in den Dienststellen der jeweiligen Bezirkspolizei wahrgenommen wird, die wiederum nach einzelnen Grafschaften beziehungsweise Distrikten untergliedert ist. So werden wir uns nun auf den Weg durch die Counties machen und dabei Oxfordshire besuchen, Sussex nicht unberücksichtigt lassen und einen Abstecher nach Norfolk unternehmen. Wem diese Auskünfte noch zu ungenau sind, dem können vielleicht folgende Informationen weiterhelfen: In Oxford besuchen wir Chief Inspector Morse, in Kingsmarkham wartet Chief Inspector Wexford auf uns, und in Norwich – das allerdings etwas verfremdet erscheint – schauen wir bei Inspector Jurnet vorbei. Dem Leser wird damit eine literarische *Tour d'Horizon* durch die Regionen geboten, auf der er jeweils den Ort und den dort wirkenden Detektiv in ihrer wechselseitigen Verbundenheit erlebt.

Kriminalistik aus dem Geiste der Philologie

Besonders offenkundig wird das bei Chief Inspector Morse von der Thames Valley Police in Kidlington, einem nördlichen Vorort von Oxford, den seine Ermittlungen fast immer in die Universitätsstadt führen. Oxford ist seine Stadt, hier hat er studiert – Klassische Philologie, leider ohne Abschluss –, hier war er erst glücklich, später unglücklich verliebt, hier trat er in die Polizei ein, und wenn man ihn auf seinen Wegen begleitet, dann wird seine skeptische Zuneigung zu dieser Stadt erkennbar, die sich zusammensetzt aus freundlicher Zurückhaltung und uneingestandenem Stolz. Henry James gehört zwar nicht zu seinen Lieblingsautoren, aber seinem Ausspruch, Oxford verleihe der Arbeit Süße und dem Müßiggang Würde und sei im Übrigen die schönste Sache von England, würde Morse vermutlich zustimmen.

Sein Studium hat ihm nicht nur genaue Einblicke in akademische Rituale verschafft, es hinterließ auch deutliche Spuren in seiner Bildung. Morse verfügt über ein profundes literarisches Wissen, welches ihn zu einem Liebhaber lyrischer Texte werden ließ, ihn während einer seiner seltenen Urlaubsreisen auf die Fährte von Dichterinnen und Dichtern wie Jane Austen und Thomas Coleridge setzt, den Rätselfan aber auch der Lektüre von Agatha Christie geneigt macht. Allerdings kann sich sein Geschmack mitunter verwirren, wenn etwa zu beobachten ist, wie er mit derselben Leidenschaft den *Archers* (einer fast fünfzig Jahre alten Radio-Soap) und einer Wagner-Oper lauscht. Ferner ist der Inspector mit einem hohen Sprachbewusstsein ausgestattet, das ihn kritisch alle linguistischen Nachlässigkeiten und Ungenauigkeiten bekämpfen lässt – nicht immer zur Freude seiner Mitarbeiter.

Auch seine Leidenschaft für schwierige Kreuzworträtsel, bevorzugt jene aus der *Times*, die er häufig und mit bewundernswerter Geschwindigkeit löst, mag auf jene Kompetenz zurückzuführen sein. Nicht selten irritiert er Sergeant Lewis, seinen immer hilfreichen Watson, wenn er sich weitab vom Tatort niederlässt, eine Zeitung vor sich und ein Whiskyglas neben sich, um dann dem langmütigen Kollegen stolz die Lösung zu präsentieren: »Essenz der Potenz« mit drei Buchstaben – SEX, passt genau. Und dabei hatte Lewis eigentlich Hinweise auf Täter und Tathergang erhofft!

Polizeiarbeit ist für Morse vornehmlich ein gedanklich-kreativer Prozess, dem Entschlüsseln von Rätseln nicht unähnlich und häufig dem Prinzip von *trial and error*, Versuch und Irrtum, folgend. Sollte die These eines Oxforder Professors zutreffen, die häufig geübte Erschließung antiker Texte führe zur Ausformung eines konstruktiv misstrauischen Verstandes, dann dürfte die beste Voraussetzung für einen erfolgreichen Polizisten das Studium der alten Sprachen sein. Auch für einen erfolgreichen Kriminalschriftsteller scheint dieses Studium *conditio sine qua non* zu sein, denn Colin Dexter, der geistige Vater von Morse, lehrte Altphilologie in Oxford und gehörte viele Jahre der universitären Prüfungskommission an; die einschlägigen Erfahrungen des Autors sind seinem Inspector bei der Klärung schwieriger Fälle außerordentlich nützlich. Dexter ist ferner dafür verantwortlich, dass der Leser auf Morse' Spuren Oxford recht gründlich kennen lernt; so präzise werden Wege abgeschritten, so genau die Fahrten durch Stadtteile oder die Besuche von Colleges geschildert, dass der Leser entweder den dringenden Wunsch verspürt, nach Oxford zu reisen, oder meint, bereits so gründlich über die Stadt informiert zu sein, dass eine Exkursion nicht mehr erforderlich ist.

Bei dem schon aus dem Mittelalter herrührenden Oxforder Konflikt zwischen *Town* und *Gown* (»Talar«), zwischen Stadt und Universität, repräsentiert Morse die Stadt, doch nicht wenige Verbrechen, die er aufzuklären hat, finden hinter Collegemauern statt oder werden dort geplant. Und bei seinen Ermittlungen wird der ehemalige Kollegiat von St. John häufiger, als ihm lieb ist, mit seiner studentischen Vergangenheit konfrontiert. In dem Fall Das Rätsel der dritten Meile bittet ihn der Rektor des Lonsdale College, in der Angelegenheit eines verschwundenen Professors zu recherchieren, und Morse sieht sich unvermutet mit Erinnerungen konfrontiert, die ihn fast zu überwältigen drohen. Die Angelegenheit selbst wird erst dann zu einem Fall, einem sehr mysteriösen und ziemlich unappetitlichen im Übrigen, als ein Angler am Oxford-Canal eine Leiche herausfischt, der man Kopf, Hände und Füße samt Unterschenkel abgetrennt hat. Bei der Begutachtung derartiger Funde lässt Morse eine Eigenschaft erkennen, die für seinen Beruf höchst fatal ist: Er kann keine Leichen sehen! Die Ermittlungen gestalten sich schwierig, und die Identität des Torsos kann erst sehr spät aufgedeckt werden; in der Zwischenzeit muss sich Morse mit den Rivalitäten und alten Feindschaften zwischen Professoren beschäftigen, deren akademischer Ehrgeiz ebenso groß ist wie ihre Neigung zu Intrigen, um eben jenen Ehrgeiz zu befriedigen. Der Inspector hat mehrere Verdächtige, aber keinen Täter, und besonders macht ihm zu schaffen, dass einer der mutmaßlich Schuldigen, der aber auch das unidentifizierte Opfer sein könnte, sein ehemaliger Lehrer für alte Sprachen ist. Am Ende sind es Morse' klassische Bildung, seine Kenntnis des Neuen Testaments (Matthäus 5, 41: »So dich jemand nötigt, eine Meile zu gehen, so gehe mit ihm zwei.«) und seine intuitive Assoziationsfähigkeit, die ihn den Fall lösen lassen.

Die auf den ersten Blick friedliche College-Welt ist, wen wundert's, in Wirklichkeit voller Unfrieden: Ehrgeiz, Eitelkeit, Hochmut und Streben nach Einfluss und Anerkennung verwandeln das akademische Elysium nicht selten in ein akademisches Inferno. Und auch bei den Ereignissen, die Colin Dexter in Der Tod ist mein Nachbar schildert, wird brutal um die Ehre gekämpft, zum Rektor gewählt zu werden. Während der Ermittlungen muss Morse zwangsweise pausieren, denn seine ungesunde Lebensweise – zu viel Alkohol, zu viel Stress – bringt ihn auf die Intensivstation vom Radcliffe Infirmary. Diagnose: schwere Diabetes, Lebensgefahr! Der Junggeselle mit dem etwas knurrigen Charme, voller Angst vor Nähe und doch nichts mehr erhoffend als eine glückliche Beziehung, fühlt sich einsam, lässt sich von der Krankenschwester trösten und nimmt mit einem Anflug von Rührung zur Kenntnis, dass sich – für den Skeptiker unerwartet – jeden Tag Kollegen und Vorgesetzte nach seinem Befinden erkundigen. Und nach der Entlassung ist sofort Lewis zur Stelle, der merkwürdigerweise sehr froh ist, wieder ein Team mit diesem, wie es der Autor ausdrückt, »bornierten, undankbaren, empfindlichen und liebenswerten Mann« bilden zu können. Auch Lewis' Frau versteht nicht immer, weshalb der Sergeant so gern mit Morse zusammenarbeitet und obendrein immer bereit ist, sich von ihm ausnutzen zu lassen. Bei den zahlreichen Pub- und Barbesuchen ist es meist der Sergeant, der gezwungenermaßen seinen Chef freihält, obwohl dieser bedeutend mehr verdient als sein Mitarbeiter; nach den derzei-

Der Pub – Herzstück des *social life* der englischen Nation: In allen Krimis von Colin Dexter spielt dieser Ort eine wichtige Rolle.

tigen Gehaltsangeboten der *Thames Valley Police* könnte Lewis Einkünfte von etwa £ 30.522 jährlich auf seinem Konto verbuchen.

Experte für Bier und Verbrechen

Morse ist kein Alkoholiker, jedoch der Meinung, dass ein *Single Malt* oder ein *Real Ale* seiner Intuition und Kombinationsfähigkeit erheblich aufhelfen. Und wenn die Ermittlungen es fügen, dass die kreativen Pausen am Tatort oder in dessen Nähe eingelegt werden können, ist Morse nicht undankbar. In der Geschichte TOD FÜR DON JUAN findet man eine amerikanische Touristin tot im Randolph, dem führenden Hotel Oxfords. Die Touristengruppe muss länger am Ort verweilen, und so nutzt Morse häufig die Gelegenheit, an der Bar des Randolph die Qualität des *Bitter*, seiner Lieblingsbiersorte, ausprobieren zu können. Die im Stil der Neogotik gebaute Luxusherberge liegt im Zentrum Oxfords, aber nicht nur deshalb macht sie Morse zum festen Stützpunkt für seine Ermittlungsarbeit. Wenn man es mit der Logik der Fiktion nicht allzu genau nähme, könnte man in der Bar den Inspector mit Colin Dexter zusammentreffen lassen, der die angenehme Atmosphäre dort ebenfalls schätzt.

Noch wohler allerdings fühlt sich Morse im Pub, das für ihn gelegentlich eine Erweiterung seines Büros oder seiner Wohnung darstellt, und das manchmal sogar der Club sein kann, in dem er kein Mitglied ist. Er fühlt sich dort nie einsam, unabhängig davon, ob er in Gesellschaft trinkt oder allein. Ein Pub befindet sich gewissermaßen mitten im Herzen des *social life* der Nation, es schafft punktuelle Gemeinsamkeit, kurzzeitige Gleichheit und das beruhigende Gefühl, für eine mehr oder minder lange Zeitspanne Teil einer Gruppe zu sein, ohne ihr angehören zu

Eine Luxusherberge der ganz besonderen Art ist das Randolph Hotel im Herzen Oxfords.

müssen. Es existieren zwar Idealvorstellungen von einem Pub – George Orwell hat sie in einem Essay 1944 für das imaginäre *The Moon under Water* beschrieben –, doch das perfekte Pub gibt es nur annäherungsweise. Am wichtigsten sind die Atmosphäre, die Gespräche (notfalls auch Selbstgespräche) und das Bier, wobei jeder Gast die Priorität anders setzen dürfte; Morse zum Beispiel würde die eben genannte Reihenfolge wahrscheinlich umkehren.

Der Chief Inspector ist Experte für gutes, echtes englisches Bier, und wenn man mit ihm anstoßen möchte, was in Pubs nicht unbedingt üblich ist, sollte man *Best Bitter* im Glase haben. Das englische Bier ist nicht nur für den Kontinentaleuropäer ein spezielles Thema, auch die Briten haben voller Abscheu den Niedergang alter Brautradition miterleben müssen, der aus dem aromatischen kupferfarbenen Getränk ein fades, pasteurisiertes Gebräu zu machen drohte. Die *Campaign for Real Ale* (CAMRA) sorgte immerhin dafür, dass die dekorativen Handpumpen nicht nur aus nostalgischen Gründen bewahrt blieben, sondern auch weiterhin die Funktion haben, das Bier ohne Gasdruck vom Fass im Keller ins Glas auf der Theke zu befördern, damit die natürliche Kohlensäure erhalten bleibt. *Special* oder *Best Bitter* hat – bei etwa vier Prozent Alkoholgehalt – eine leichte Fruchtigkeit, die häufig vom Malzaroma dominiert wird; die Farbe changiert von mittlerem Gold zu Kupferbraun, der Geschmack ist ein wenig bitter, die Temperatur sollte kellerkühl sein

seine erfrischende Wirkung entfalten kann. Zur Mittagszeit wird dazu meistens ein simpler, aber kräftiger Lunch serviert, auf den das Bier Appetit macht und der seinerseits wieder für Durst sorgt. Morse, der Alkohol für ein akzeptables Nahrungsmittel hält, begnügt sich sehr häufig mit einem einfachen Imbiss, der aus dem für einen Pub typischen *Ploughman's Lunch* oder nur aus Sandwiches bestehen kann. Mit dem Chief Inspector kehren wir in den meisten Oxforder Pubs ein: vom *King's Arms* am Sheldonian Theatre über das *Mitre*, in dem schon Lord Peter Wimsey abgestiegen ist, bis zum *Bear*, der ältesten Schenke der Stadt mit einer skurrilen Sammlung abgeschnittener Krawatten.

Doch nicht nur durch die Universitätsstadt begleiten wir Morse: Da der Zuständigkeitsbereich der Thames Valley Police weit über die Grenzen von Oxford hinausreicht, lernen wir auch die Umgebung kennen. Der Fall, bei dem wir Morse das erste Mal begegnen, führt ihn nach Woodstock, dem idyl-

EST. 1762
OLD PLOUGH
OLD PLOUGH

lischen Städtchen im Norden von Oxford. Der kleine Ort ist eine Attraktion für Touristen, die das im Westen gelegene Schloss Blenheim besuchen möchten (Wohnsitz der Herzöge von Marlborough, Geburtsstätte Winston Churchills), einen Abstecher in die Cotswolds machen, nach Stratford-upon-Avon weiterfahren wollen oder hoffen, zumindest die Atmosphäre von *merry old England* erleben zu können. DER LETZTE BUS NACH WOODSTOCK wird von einer unternehmungslustigen jungen Frau nicht mehr erreicht, sie trampt und wird wenig später im Hinterhof eines Pubs ermordet aufgefunden. Bei seinen Ermittlungen muss Morse – wie so häufig – das anfangs kaum durchschaubare Geflecht von Liebe, Eifersucht und anderen Leidenschaften auflösen, und – wie so häufig – ist seine Zuneigung zu einer der verdächtigen Frauen nicht weit vom Tatbestand des Dienstvergehens entfernt. Dann aber erweist sich – wie so häufig – seine Vernunft stärker als seine Gefühle, wobei selbst der moralisch gefestigte Leser nicht sicher ist, ob er ihn dafür bewundern oder bedauern soll.

Morse ist ein ganz besonderer Detektiv: romantisch und sensibel, abweisend und mürrisch, humorvoll und warmherzig – und meistens ziemlich allein. Die Familie, die er zuweilen gerne hätte, »leiht« er sich in Gedanken manchmal von seinem Kollegen und Freund Lewis, um dann recht schnell festzustellen, dass er nicht allzu familientauglich ist. Morse ist einfach sympathisch, und der Leser hat ihn in den vielen Jahren der Lektüre ins Herz geschlossen. Deshalb ist es geradezu ein Schock, wenn Dexter seinen Helden in dem Band UND KURZ IST UNSER LEBEN einfach sterben lässt. Detektive dürfen nicht sterben, und der Leser mag den Tod von Morse vielleicht noch logisch finden – wer ungesund lebt, lebt nicht lange –, keinesfalls aber fair, da ein Detektiv für das Überleben des und der Guten und damit für ein gewisses Maß an Unsterblichkeit zuständig ist. Anders als Sherlock Holmes, der nach einem mysteriösen Tod, dem Sturz in die Reichenbach-Schlucht, auf Wunsch des Publikums zu neuem Leben erweckt wird, stirbt Morse medizinisch korrekt an einem Herzinfarkt und somit ohne eine Chance auf ein irdisches Weiterleben. Fast so traurig wie Lewis nimmt der Leser Abschied von Morse.

Das idyllische Woodstock, nördlich von Oxford gelegen, zieht Jahr für Jahr viele Touristen an. Besondere Attraktion ist das im Westen gelegene Schloss Blenheim, Geburtsstätte Winston Churchills.

Abgründe einer Kleinstadt

Auf unserer Reise zu englischen Polizeistationen der Counties kommen wir nun nach Kingsmarkham, einer kleinen Stadt in Sussex, die es nicht gibt und die doch existiert; sie findet sich genauso wie St. Mary Mead auf der Landkarte fiktiver Kriminalität, und genauso wie der Heimatort von Miss Marple ist sie ein Mikrokosmos englischer Lebensweise. Zwar hat nach Aussage von Ruth Rendell ein kleiner Ort namens Midhurst in Sussex Kingsmarkham einige Charakteristika geliehen, aber da die Autorin zuletzt mit neun Jahren dort war, ist fraglos die Realität in der Phantasie aufgegangen.

Wie es sich für eine Provinzstadt gehört, liegt in ihrem Zentrum die *High Street* mit den wichtigsten Geschäften, dem obligatorischen Pub und der Kirche. Alles wird direkt vom Auge des Gesetzes überwacht, da sich das Polizeirevier – vermutlich zur *Sussex Police*, Region *East Downs*, gehörend – ebenfalls an der Hauptstraße befindet. Die Personifikation dieses Auges ist Chief Inspector Reginald Wexford, ein Mann in den besten Jahren, wenn man die Fünfziger als eine besonders gute Zeit des Lebens bezeichnen will. Er ist groß und füllig, zu füllig wie sein Arzt und Freund meint, der auf eine Diät und eine Änderung der Lebensweise drängt. Wexford ist literarisch so gebildet, dass er bei passenden wie unpassenden Gelegenheiten das Gespräch mit Zitaten von Shakespeare bis Proust bereichert und damit seinen Kollegen Burden nicht unbeträchtlich nervt. Außerdem ist er gutmütig, humorvoll und tolerant gegen alles außer gegen Intoleranz, und vor allem ist er recht sympathisch; Ruth Rendell räumt denn auch die Möglichkeit ein, dass er einige Züge ihres Vaters trägt. Nebenbei sei angemerkt, dass die Autorin, wie sie in einem Gespräch mit Julian Symons gesteht, durchaus in Versuchung war, Wexford sterben zu lassen, und dass sie nur deshalb vor diesem letzten dramatischen Schritt zurückgeschreckt sei, weil sie befürchtet habe, von der Leserschaft zu einer Wiedererweckung ihres Helden gezwungen zu werden.

Im Gegensatz zu seinem Kollegen Morse ist Wexford nicht nur glücklich verheiratet, sondern auch liebevoller Vater und stolzer Großvater. Die abendliche Rückkehr in ein gemütliches Zuhause, in dem die Ehefrau Dora nicht als Heimchen am Herd wirkt, sondern sehr selbstbewusst die Geschicke der Familie im Allgemeinen und die ihres Mannes im Besonderen lenkt, ist gewissermaßen das Kontrastprogramm zu den alltäglichen Schrecknissen; hier entspannt sich der Inspector in einer Welt, in der nicht Blut und Verbrechen dominieren. Vieles wird freilich selbstverständlich in einer langen Ehe, und erst als Wexford schockiert erleben muss, dass seine Frau von Umweltfanatikern entführt wird und in Lebensgefahr schwebt, wird er sich wieder dankbar seines familiären Glückes bewusst (WER ZWIETRACHT SÄT). Anders als Morse ist Wexford nicht der *lonely wolf*, der durch die Unterwelt streift, um die »Oberwelt« sicherer zu machen; als Familienmensch braucht er die Sicherheit seines Zuhauses, um den Unsicherheiten von Kingsmarkham gewachsen zu sein.

Dieser Ort in Sussex, irgendwo zwischen London und dem Seebad Eastbourne in den Downs gelegen, müsste eigentlich die Solidität und Langeweile einer Provinzstadt repräsentieren – und er tut es auch auf den ersten Blick. Dieser fällt auf honorige Bürger, berühmte Künstler, wohlhabende Kaufleute und rechtschaffene Arbeiter, auf Personifikationen der Redlichkeit also. Der zweite Blick jedoch sieht hinter die Fassaden der Anständigkeit und eröffnet die Perspektive auf soziale Brennpunkte und zerstörerische Triebhaftigkeit, auf Armut und psychische Not, auf Missbrauch und Mord. Der gute Kumpel ist ein Erpresser, die *Florence Nightingale* der Gegend lebt in einem inzestuösen Verhältnis mit ihrem Bruder, die berühmte Künstlerfamilie im Herrenhaus fällt einem blutigen Massaker zum Opfer, das die kindliche Enkelin inszenierte, und der biedere Handelsvertreter erweist sich als Bigamist mit problematischen Neigungen. In den Ebenen der Ehrbarkeit tun sich Abgründe auf, die nicht nur den tüchtigen Inspector Wexford in Kingsmarkham unentbehrlich machen, sondern streng genommen auch einen prophylaktisch tätigen Psychologen erforderten. Obendrein wird die Arbeit für Wexford nicht leichter dadurch, dass sein integrer und zuverlässiger Kollege Michael Burden so rigoros konservativ ist, als habe es nie die Erkenntnisse der Sozialforschung oder gar die der Aufklärung gegeben.

Besonders heftig bekundet Burden seine Abneigung gegen Äußerungen der Moderne, vor allem gegen solche, die mit Jugend und Lärm verbunden

sind wie anlässlich eines Rockkonzertes im Park eines Herrenhauses in der Nähe von Kingsmarkham (PHANTOM IN ROT). Ein berühmter Popsänger tritt auf, Zehntausende von Fans geraten in friedliche Ekstase – und am Rande des Parks wird eine Frauenleiche gefunden. Nach schwierigen Ermittlungen stellt sich heraus, dass die Tote eine ehemalige Freundin des Stars war, wie er aus Kingsmarkham stammend und von ihm in seiner überheblichen Egozentrik für einen zynischen Scherz eingesetzt. Das Opfer dieses Scherzes reagiert nicht wie geplant, sondern erschlägt die ihm fremde Frau. Zu Wexfords größtem Bedauern kann er den Star nicht belangen, aber er hofft auf die gerechte Verurteilung durch das Publikum, die den eitlen Egoisten vielleicht noch härter treffen wird.

Ein bizarrer Fall

Nicht nur in Kingsmarkham sorgen Popstars für Unruhe und mörderische Verwirrung – auch in Angleby, einer Stadt in Norfolk, deren Vorbild Norwich ist, führt der Auftritt eines berühmten Sängers zu gewaltsamem Tod und sozialer Erschütterung. In Angleby ist es Inspector Jurnet (vermutlich Angehöriger der *Norfolk Constabulary*), dessen detektivischer Verstand jene Rätsel löst, die von mehr oder minder kriminellen, von mehr oder minder unbarmherzigen Menschen aufgegeben werden. Kurz vor Ostern kommt eine Rockgruppe nach Angleby, deren bizarrer Werbegag darin besteht, den Fans die drei Bandmitglieder auf dem Marktplatz als Nachbildungen der Gekreuzigten zu präsentieren – den Superstar

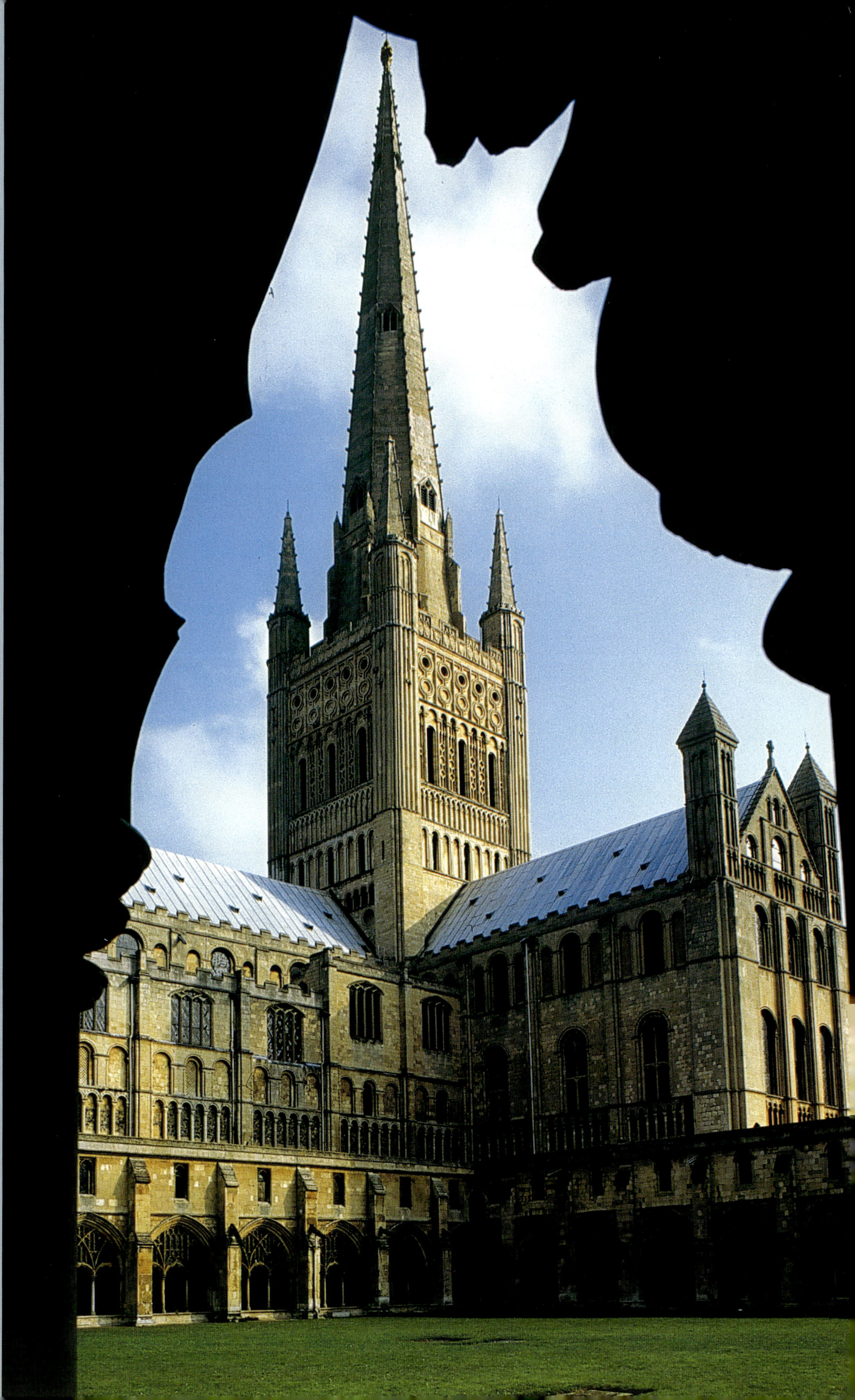

Die Grundsteinlegung für die Kathedrale von Norwich fiel in das Jahr 1096; fertig gestellt wurde der sakrale Bau 49 Jahre später.

Im Inneren der Kathedrale beeindrucken vor allem das gut erhaltene Gewölbe im Perpendicular Style und aufwendig gearbeitete Verzierungen wie diese Uhr an der Außenfassade.

in der Mitte, nackt, obszön und blasphemisch (ANTICHRIST). Die Jüngeren sind begeistert, die Älteren tun so, als seien sie es auch, um nicht als *old fashioned* zu gelten, und selbst der Bischof reagiert verzückt. Jurnet, der mit seiner Freundin Miriam ebenfalls das Konzert besucht, ist entsetzt über den Lärm und die Lästerlichkeit, biblische Texte zu Rockhymnen umzufunktionieren. Am nächsten Morgen findet man wieder eine Figur am mittleren Kreuz, und Jurnet muss ermitteln: Der Star wurde ermordet und von dem Täter ans Kreuz genagelt. Der Fall scheint nicht nur absonderlich, sondern unlösbar, und erst das Geständnis der Mörderin lässt in die Tiefen menschlichen Lebens und Leidens sehen. Die Mutter des Stars, der während einer Vergewaltigung gezeugt wurde, brachte ihn um, als er sie zum Sex zwang. Anschließend begeht sie Selbstmord.

Nicht nur bei diesem Fall gibt es für Jurnet noch andere Tiefen, die er erkennen und emotional bewältigen muss. Seine Geliebte ist Jüdin, und sie ist nur zur Heirat bereit, wenn er zum Judentum übertritt. Dabei könnte Benjamin Jurnet durchaus ein Nachkomme des bedeutendsten Judengeschlechtes in Norfolk sein. Die jüdische Gemeinde in Norwich, deren Angehörige mit Wilhelm dem Eroberer nach England gekommen waren, zählte selten mehr als zweihundert Mitglieder;

die meisten waren arm, nur einige wenige durch Geldverleih und Handel zu Vermögen gekommen. Der reichste unter ihnen war *Jurnet of Norwich*, der zusammen mit seinem Bruder im 12. Jahrhundert hohe Summen an die Krone zahlte; sein Sohn Isaac war möglicherweise der reichste Jude seiner Zeit – der »Rothschild des mittelalterlichen England«, wie ihn Inspector Jurnet einmal nennt. Wie so häufig in der Geschichte weckte der Wohlstand der jüdischen Mitbürger die Begehrlichkeit des Adels und des Königs, und nicht selten nutzte man ungeklärte Todesfälle von Kindern, um Juden des Ritualmordes zu verdächtigen und von ihnen Geld zu erpressen. Der erste bekannte Fall dieser Art in Europa war der Tod des zwölfjährigen William von Norwich 1144, den man sehr bald zum Märtyrer und Heiligen verklärte.

Sylvia T. Haymon, Kriminalschriftstellerin und Historikerin, lässt ihren detektivischen Helden bei seinen Ermittlungen häufig Spuren der Vergangenheit entdecken, die Bedeutung haben für Ereignisse der Gegenwart, und auf derartige Zeugnisse trifft man in East Anglia, einer der geschichtsträchtigsten Landschaften der Insel, an vielen Stellen. Als in der Kathedrale von Angleby-Norwich – nahe der Gruft des kindlichen Märtyrers – die Leiche eines Chorknaben gefunden wird, erinnert man sich sofort der mysteriösen Ereignisse im Mittelalter, und da die Umstände auf ein religiös motiviertes Verbrechen zu deuten scheinen, droht Pogromstimmung, die von Rechtsradikalen angeheizt wird (RITUALMORD). Jurnet hat hier mehr zu leisten, als Polizeibeamten üblicherweise aufgegeben ist: Er muss den Mörder finden, jüdische Mitbürger vor Übergriffen schützen, den Frieden der Stadt bewahren und obendrein Konflikte mit seiner Freundin lösen, die sich bei einem solchen Ereignis zwangsläufig ergeben. Der apart südländisch aussehende Inspector – sein Spitzname bei den Kollegen ist »Valentino« – löst seine Fälle mit großem Einfühlungsvermögen in menschliche Schwächen und mit ausgeprägtem Sinn für Historie und Traditionen, und so kann er den MORD IM DRUIDENHAIN ebenso klären wie den Tod auf einem Schloss, das früher einmal Wohnsitz von Anna Boleyn gewesen war (BLAUES BLUT). Und Jurnets schlimmster Fall wird jener sein, bei dem er den Tod seiner Geliebten aufklären muss, die starb, als sie sein Auto starten wollte.

Der häufig einsame, manchmal zynische, zuweilen melancholische, aber immer sensible und erfolgreiche Detektiv ist die eigentliche Stütze der Gesellschaft – und das nicht nur in Oxford. Morse und seine Kollegen scheinen sowohl die Profession wie auch die Einstellung zum Leben und zu den Mitmenschen gemeinsam zu haben. Und so sind die Detektive der Grafschaften vielleicht nicht nur an der Polizeimarke, sondern auch an ihrer Mentalität zu erkennen.

Pub Food

Das Pub ist für unsere Detektive, so unterschiedlich im Typ sie sein mögen – einsamer Jäger wie Morse oder Jurnet; Familienvater wie Wexford, Burden oder Lewis –, eine häufig und gern genutzte Institution. Oft reicht in des Tages Hektik die Zeit nur, um sich von dort ein Bier und einen Teller mit Sandwiches kommen zu lassen (belegt mit Räucherlachs oder Zunge für Wexford, mit Schinken oder Käse und Pickles für Morse). Aber nicht selten sucht man die Pubs (mit so phantasievollen Namen wie *Horse and Trumpet, Kings Arms, Olive and Dove, Merry England, White Horse, Black Prince, The Bull and Stirup*) auch selbst auf und genießt ihre anheimelnde Atmosphäre; zunächst bei einem Single Malt an der Bar und anschließend bei einem echt englischen Lunch an einem der gemütlichen Tische, dazu wird dann ein kupferfarbenes Best Bitter oder ein dunkles Porter gereicht.

Ein solches typisch britisches Lunchgericht, ursprünglich das traditionelle Essen der englischen Bauern, das in fast jedem Pub angeboten wird, ist der beliebte

Ploughman's Lunch

Ein großer Teller mit einem ansehnlichen Stück Käse der gewünschten Sorte (zum Beispiel würziger schottischer Cheddar oder walisischer Caerphilly und Yorkshire Ziegenkäse oder Cheshire oder, etwas ganz Spezielles, der Shropshire Blue; manche Pubs bieten bis zu einem Dutzend verschiedene Käsesorten an!). Dazu werden, dekorativ auf dem Teller arrangiert, Butter, Gürkchen und eine reichhaltige gepickelte Beilage gereicht, sowie – wichtig! – frisch gebackenes, krustiges Landbrot (zum Beispiel ein Cottage Loaf).

Pikantes Zwiebel-Apfel-Chutney

400 g säuerliche Äpfel, geschält und grob geraspelt
300 g Zwiebeln in feinen Scheiben
150 g Rosinen · 2 EL gelbe Senfkörner
100 g Tomatenwürfel
2 rote Chilischoten oder 1 TL Cayennepfeffer
500 ml Weinessig
2 TL Salz · 150 g Zucker

Alle Zutaten in einen Topf geben und zum Kochen bringen, so lange rühren, bis der Zucker aufgelöst ist. Etwa 1 Stunde lang leise köcheln lassen, dabei öfter umrühren. In Gläser füllen, abkühlen lassen. Dickt nach.

Rotkohl-Pickles

1 kleiner Rotkohl (etwa 500 g)
1 Zwiebel
2 TL Salz · 2 TL brauner Zucker
300 ml Apfelweinessig
125 g Zucker
1/2 TL Mixed-Pickles-Gewürz
10 Pfefferkörner · 6 Gewürznelken · 1 Zimtstange
einige Scheiben rote Beete (roh)

Rotkohl und Zwiebel fein hobeln, mit dem Salz in einer Schüssel mischen, abdecken, über Nacht stehen lassen.
Am nächsten Tag die restlichen Zutaten zum Kochen bringen, rühren, bis der Zucker gelöst ist, etwas abkühlen lassen. Das abgetropfte Gemüse in kleine Einmachgläser oder Steinguttöpfe schichten und dicht zusammenpressen. Rote-Beete-Scheiben obenauf legen (für die Farbe), die Essiglösung darüber schütten und bis zum Verzehr mindestens einige Tage (besser: einen Monat) stehen lassen.

Piccalilli

250 g Blumenkohl, in kleine Röschen geteilt
250 g sehr kleine Zwiebeln (Silberzwiebeln)
1 Lauchstange, grob gehackt
Salz
500 ml Weinessig
2 grüne Chilischoten · 1 EL Kurkuma
2 TL englisches Senfpulver · etwas Mehl
125 g Zucker

Zwiebeln mit kochendem Wasser überbrühen, nach einer Minute abgießen, mit kaltem Wasser bedecken und unter Wasser schälen, dabei ganz lassen. Die geschälten Zwiebeln gut abtropfen, zusammen mit den Gemüsen in eine Schüssel schichten, salzen und abgedeckt 12 Stunden stehen lassen. Dann in einem Topf Essig, Zucker, gehackte Chilis und Kurkumapulver aufkochen, das abgetropfte Gemüse dazugeben und 15 Minuten einkochen. Senfpulver und wenig Mehl mit etwas Essig anrühren, zu dem Piccalilli geben und einige Minuten weiterkochen lassen, bis das pikante Gemüse andickt. In Gläser füllen, kalt stellen.

Tomaten-Aprikosen-Relish

400 g rote Tomaten · 300 g Aprikosen
1 säuerlicher Apfel
Salz
200 g brauner Rohrzucker · 400 ml Weinessig
abgeriebene Schale von 2 Zitronen
2 EL Zitronensaft
1 EL gehackte frische Ingwerwurzel
2 TL Korianderkörner · 4 Gewürznelken
1/2 TL Cayennepfeffer · 2 EL gehackte Minze

Tomaten, Aprikosen und den geschälten Apfel in kleine Stücke schneiden, salzen, über Nacht stehen lassen. Am nächsten Tag abgießen, in einen Topf geben, Essig, Zucker, Zitronenschale, Ingwer, Koriander und Nelken hinzufügen und verrühren. Zum Kochen bringen und etwa 45 Minuten gar köcheln lassen. Mit Zitronensaft und Cayennepfeffer abschmecken, Minze hinzufügen, in Gläser füllen und sie sofort verschließen. Kühl stellen.

Pub Grub (also Pub-Futter) nennen die Stammgäste eines *Public House* oft liebevoll-abschätzig die Käseteller, Sandwiches und Salatplatten mit kaltem Fleisch, die in jedem, selbst dem einfachsten Pub zu haben sind. Etwas aufwendigere Savouries sind dann zum Beispiel Schottische Eier, Omeletts, *Country Paté, Cornish Pasties, Pickled Herrings, Tomato and Cheese Tart,* eine Quiche-Auswahl, *Sausages und Baked Beans.* In gut geführten Pubs werden auch anspruchsvollere Gerichte der traditionellen englischen Küche (oft als *Specials of the day*, d. h. warme, täglich wechselnde Hauptgerichte) angeboten, so alle möglichen Pies (*Steak and Kidney, Shepherd's, Pork and Apple*) sowie *Stews* und Schmortöpfe (sehr beliebt: Lamm in Cidersauce, Koteletts in Biersauce).

Kriminelle Akademiker

Verbrechen hinter
Collegemauern

Professor Gervase Fen
und andere Dons

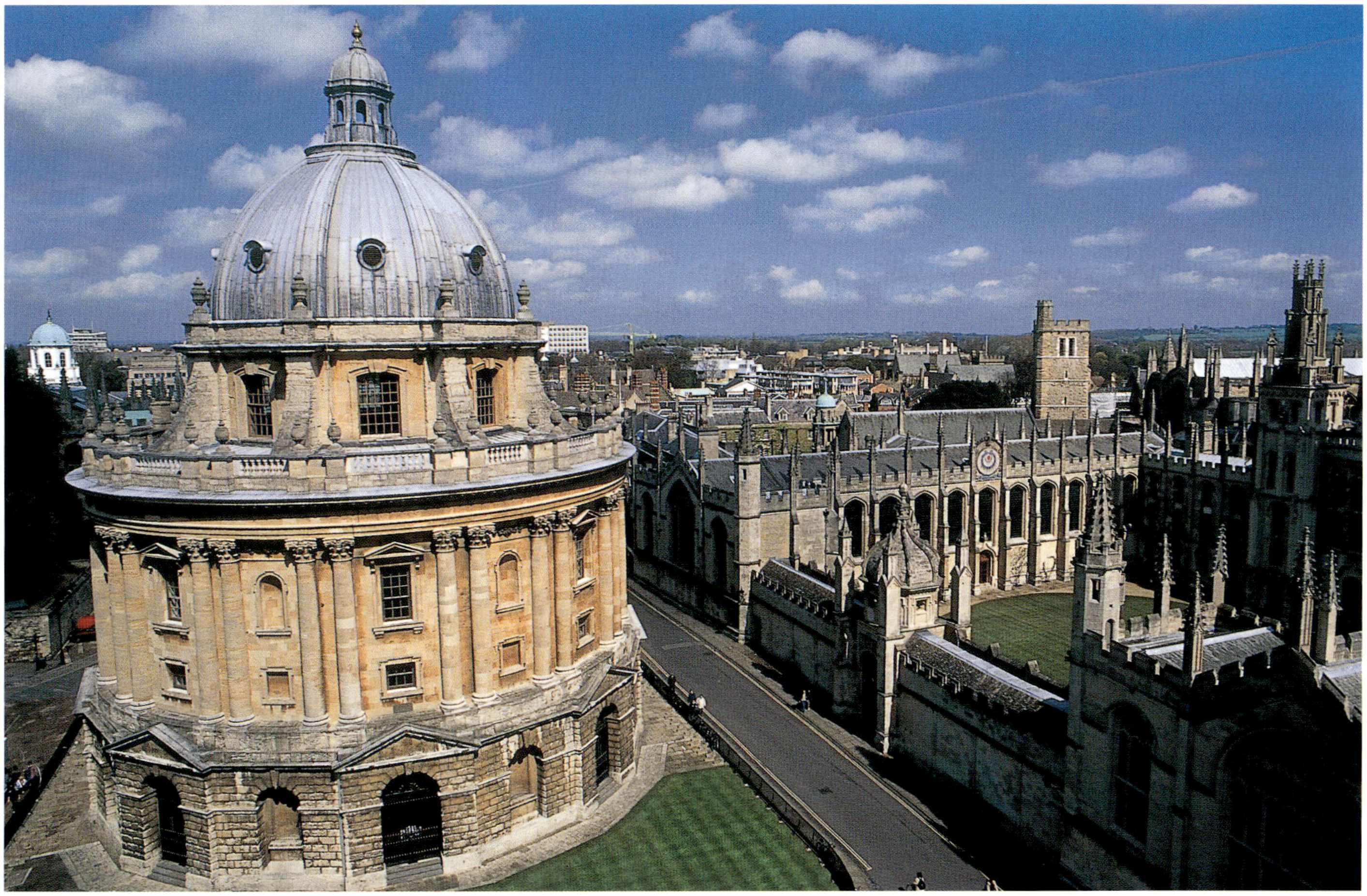

Blick auf die *Radcliffe Camera*, das erste rundgebaute Bibliotheksgebäude Englands. Es entstand nach Plänen von James Gibbs zwischen 1737 und 1749.

Kein Ort in England könnte friedlicher sein als eine Universitätsstadt, in der junge, eifrige, wissbegierige Scholaren in efeubewachsenen, grauen Gemäuern von alten, abgeklärten, zuweilen etwas weltfremden Professoren unterrichtet werden und mit diesen in harmonischer, gelehrter Gemeinschaft leben. Kein Ort in England jedoch scheint, wenn man der Detektivliteratur folgen will, unfriedlicher zu sein, stärker von Kriminalität und Gewalt heimgesucht zu werden als Oxford, die ehrwürdige Universitätsstadt an Themse (Isis) und Cherwell. Wenn man dann noch bedenkt, dass die nicht nur bei Ruderwettbewerben konkurrierende Universität Cambridge eine erheblich geringere (literarisch verifizierbare) Kriminalitätsquote aufzuweisen hat, wird deutlich, dass hier ein soziologisches Problem der Lösung harrt.

Nun kann man eigentlich von einer akademischen Polis erwarten, dass sie sich ihrer ureigensten Probleme in kritischer Analyse annimmt, doch leider sind kaum Forschungsergebnisse zu verzeichnen. Einige Hinweise gibt Margeret Yorke, Kriminalschriftstellerin mit Wohnsitz nahe Oxford, die das Thema eher thetisch abhandelt. In ihrem Essay »Oxford vs. Cambridge. The Dark Blues Have the Most« arbeitet sie jene Unterschiede zwischen den Städten heraus, die für das spezifische Quantum an fiktiver Kriminalität verantwortlich sind und nicht minder für die Neigung, sie zu schildern. Oxford befindet sich im Zentrum Englands, im Schnittpunkt von Straßen und Eisenbahnlinien, eine lebhafte Stadt, deren Mauern vom Rauch der (Auto-)Industrie grau geworden sind; Cambridge hingegen liegt fernab im flachen Fenland, hat farbenfrohes Gemäuer und keinerlei Modernismen im Stadtbild aufzuweisen. In Oxford grenzen die Colleges an verkehrsreiche und teilweise enge Straßen, die den Betrachter auf das Leben ringsum und kaum in die Höhe schauen lassen. Verwunderlich ist nur, dass es kaum einen Text über Oxford gibt, der diese Stadt mit ihren »dreaming spires« nicht romantisch verklärt, wie

es bereits Matthew Arnold im 19. Jahrhundert tat. In Cambridge hingegen – so Yorke – findet man die Colleges am Ufer eines Flusses, weitab vom Getriebe der Welt, und dem Blick des entspannten Betrachters eröffnet sich ein weiter Himmel. Deshalb ist für die Autorin die Beweisführung und das Urteil klar: Anders als die Bewohner Oxfords müssen sich die Menschen in Cambridge nicht in die Phantasie flüchten – sie hatten deshalb auch keinen Tolkien, keinen Lewis Carroll. Deren Heimat unter dunklem, tiefem Himmel konnte nur Oxford sein. Zu bedenken ist allerdings, dass immerhin in beiden Orten Menschen leben, die ständig mit der Lösung von Rätseln unterschiedlichster Art beschäftigt und insofern prädestiniert sind, *murder mysteries* zu enthüllen und die Enthüllung zu beschreiben. Warum aber ist Oxford viel häufiger Schauplatz der Handlung als Cambridge? Vielleicht, weil die Universität von Oxford – im Gegensatz zu der von Cambridge, der Universität mit naturwissenschaftlichem Schwerpunkt, wo man die Aufklärung per Experiment betreiben würde – eher geisteswissenschaftlich orientiert ist. Die Antwort erfolgt hier auf literarischem Wege: Man schreibt Detektivromane.

Detektiv mit Talar und Barett

Bereits die Bekanntschaft mit Inspector Morse hat erkennen lassen, welche Abgründe sich gleichsam unter der High Street oder dem Radcliffe Square auftun, welche Mordlust hinter Collegemauern lauern kann, und dabei hat der Oxford-Absolvent Morse seine Ermittlungen nur von außen als Vertreter der *Town* in staatlichem Auftrag geführt. Wie viel mehr jedoch erfahren wir über das Innenleben, wenn wir uns in die Welt des *Gown* begeben und einen akademischen Amateurdetektiv mit Talar und Barett bei seinen Unternehmungen begleiten: Gervase Fen, Professor für englische Sprache und Literatur, mit dem ungemein bedeutsamen Forschungsgebiet »Mindere Satiriker des 18. Jahrhunderts«. Fen hat eine der höchsten akademischen Würden inne, die man in England erlangen kann – er ist Don an einem Oxforder College.

Ein Don, von lateinisch *dominus*, ist in Oxford (und Cambridge) der akademische Herr und Meister, der über die Studenten, die Bücher und manchmal sogar über die Erkenntnis herrscht. Er ist seinem College geradezu familiär verbunden, da es ihm eine behagliche Unterkunft, ein regelmäßiges Dinner am High Table, die Gesellschaft anderer Menschen, einen strengen Patriarchen, den *Master*, und nicht selten auch handfeste Streitigkeiten bietet – ganz wie in einer Familie also. Freilich sind es nicht Bande des Blutes, sondern solche des Intellekts, die den Zusammenhalt dieser Gemeinschaft, zugleich aber auch die Konflikte und das Niveau der Auseinandersetzungen sichern. Wenn diese Spannungen dann womöglich in einem Verbrechen enden, dann dürfte höchste intellektuelle Kreativität Planung und Ausführung bestimmt haben.

Genauso wie es unterschiedliche Typen von Colleges gibt – mögen sie auch für den interessierten Besucher in Oxford in ihrer beeindruckenden Architektur häufig ähnlich aussehen – gibt es auch unterschiedliche Typen von *Dons*. Man kann sie insgesamt als *Mentors, Eccentrics and Geniuses* klassifizieren, wie es der Insider englischen Universitätslebens, der Essayist Noel Annan, tut, man kann aber auch eine Einteilung nach Tätigkeit und Wirkung treffen. Dann wären zum Beispiel zu nennen der Bibliotheksdauergast (*the »old fogey«*), der Fernsehstudiodauergast (*the »trendy young don«*) und der ratgebende Dauergast in Downing Street (*the »great and good don«*); unerwähnt bleibt in allen Aufzählungen merkwürdigerweise der detektivische Don (*the »mystery solving don«*) – vielleicht deshalb, weil die

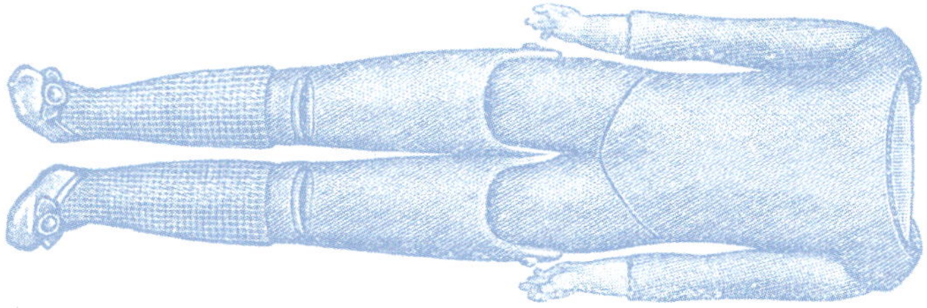

meisten Dons über Spürsinn verfügen. Allen Dons ist ein großes Prestige zu Eigen, das allerdings, so Annan, zunehmend in Frage gestellt wird. Diese Sorgen aber dürften Gervase Fen und seine Kollegen kaum umgetrieben haben, denn bis 1970 war die soziale Position eines Oxford-Gelehrten nahezu unangefochten.

Diese Position brachte es zugleich mit sich, dass das zuweilen exzentrische Benehmen eines Dons keineswegs Aufsehen erregte, galt es doch fast als ein Charakteristikum des akademischen Originals. Versteht man unter Exzentrik das Vergnügen, anders zu sein und gewöhnliche Dinge auf außergewöhnliche Weise zu tun, dann ist Oxford in der Tat ein Biotop für Menschen mit eigentümlichen Neigungen. Einer dieser Menschen ist Gervase Fen, der sich bei einem seiner ersten Auftritte als rasanter, wenn auch nicht sonderlich geübter Fahrer eines kleinen, lärmenden und zerbeulten Sportwagens vorstellt, mit dem er den Collegerasen durchpflügt und den verstörten Rektor insofern zu Dank verpflichtet, als er nicht gleich das College bis auf die Grundmauern zerstört. Fen ist hochaufgeschossen, schlank, energisch, mit meist fröhlich-rotwangigem Gesicht und ohne jede Eitelkeit unkonventionell gekleidet. Seinem nicht geringen Selbstbewusstsein nach ist er eine unverzichtbare Stütze der örtlichen Polizei – eine Einschätzung, die deren Chef, Sir Richard Freeman, allein schon deswegen teilt, weil sie ihm die Gelegenheit bietet, sich als der bessere Literaturwissenschaftler von beiden zu behaupten. Sie arbeiten eng zusammen, was nach Fens Auffassung nur logisch ist, denn polizeiliche Ermittlungen und Literaturkritik laufen auf dasselbe hinaus: Intuition. Es ist letztlich kein großer Unterschied, ob man nun mit Hilfe von Indizien die Richtigkeit einer Interpretation oder aber die Richtigkeit eines Verdachtes belegen kann. Deshalb sind Literaturkritiker gute Detektive, und er selbst – so Fens bescheidene Schlussfolgerung – ist ein sehr guter.

Intuition und profunde Bildung sind es, die Fen die Lösung so skurriler Fälle wie den des »wandernden Spielzeugladens« oder den des »Pfarrers mit dem Poltergeist« finden lassen. Häufig sind es ehemalige Studenten, die bei ihm Hilfe

Die Statue des vierten Earl of Pembroke schmückt den Eingang zur *Bodleian Library*.

suchen – und diese natürlich auch erhalten. So beispielsweise Richard Cadogan, ein Dichter, der in Oxford Urlaub machen will! Cadogan erreicht die Stadt zu nächtlicher Stunde und sieht auf der *Iffley Road* einen merkwürdigerweise geöffneten Spielzeugladen, in dem er eine schon blau verfärbte Tote entdeckt (Der wandernde Spielzeugladen). Bei der Durchsuchung der Räumlichkeiten wird er niedergeschlagen. Als er am Morgen wieder zu sich kommt, wankt er zur Polizeiwache in *St. Aldates*, wo man seine Aussagen aufnimmt und mit ihm zu einer Ortsbesichtigung fährt. Zu seinem höchsten Erstaunen, ja Entsetzen hat sich das Spielzeuggeschäft in einen Lebensmittelladen verwandelt. Dieses Rätsel kann nur noch Gervase Fen lösen! Cadogan macht sich in sein altes College *St. Christopher's* auf, das neben *St. John's* an der Kreuzung

Woodstock und *Banbury Road* liegt. Fen nimmt sich natürlich sofort des Falles an, der für einen literarisch gebildeten Menschen wie geschaffen ist. In einer Zeitung findet der Don merkwürdige Anzeigen, die er als Kenner von Edward Lears Nonsense-Limericks zu entschlüsseln weiß; mit den daraus gewonnenen Verdachtsmomenten kann er auf Jagd gehen. Er findet eine reiche, wenn auch verstorbene Lady, einen beflissenen, wenn auch rücksichtslosen Anwalt und eine Reihe weiterer Verdächtiger, die alle an das Vermächtnis der Verblichenen wollen und deshalb schnöderweise die eigentliche Erbin des Spielzeugladens, der von den Tätern zur Tarnung in einen Lebensmittelladen verwandelt wurde, ermordeten. Fen stellt den Täter, muss allerdings mit dem Verbrecher einige wilde Runden auf einem Kinderkarussel absolvieren, ehe er ihn der Polizei übergeben kann. Vorher gibt es noch eine chaotische Verfolgungsjagd, bei der Fen mit einigen Kollegen und Studenten einen weiteren Verdächtigen auf Fahrrädern bis zu *Parson's Pleasure* hetzen, einem Uferstreifen, der nackt badenden Männern vorbehalten ist.

Diese Örtlichkeit scheint im krimi-literarischen Oxford ebenso beliebt zu sein wie groteske Apotheosen. Edmund Crispin, der Erfinder der Fen-Fiktionen, bereitet seine Leser in einem Prolog zum »wandernden Spielzeugladen« darauf vor, wenn er schreibt: »Es stimmt, dass die altehrwürdige und erlauchte Stadt Oxford unter sämtlichen Städten Englands die wahrscheinlichste Geburtsstätte unwahrscheinlicher Ereignisse und Personen ist. Aber alles hat seine Grenzen.« Diese Grenzen jedoch sind sehr weit gezogen – so weit, dass der Leser zuweilen den Eindruck hat, *hinter den Spiegel* zu schauen und dabei *Alice im Wunderland* zu begegnen. Zumindest aber kann er eine der seltsamsten Verfolgungsjagden der Detektivliteratur beobachten, wenn er in dem Roman DIE TOTEN PROFESSOREN von Robert Robinson schmökert. Der Rektor eines kleinen Colleges ist getötet worden, und der Täter hat die Leiche zwischen den Statuen auf dem Dach der Kapelle offen und deshalb nicht gleich sichtbar versteckt. Der ermittelnde Inspector braucht lange, um dem Mörder auf die Spur zu kommen, aber endlich stellt er ihn auf *Parson's Pleasure*. Die dort lagernden Nackten werden von kreischenden Ruderinnen und dem pflichteifrigen Inspector aufgeschreckt – und plötzlich ist die Hölle los. Ohne zu überlegen nehmen die Badegäste die Verfolgung auf! Dicke und dünne, blasse und braune, struppige und glatt rasierte, vor allem aber nackte Dozenten laufen am Ufer entlang, lassen Cricket-Spieler straucheln, Philosophen ins Grübeln kommen, Geistliche ans Weltende glauben und Sensationslüsterne an einen Massenausbruch exhibitionistischen Wahnsinns denken. Die nackten Männer, ins Sommerlicht rasend, als seien sie zum Jüngsten Gericht gerufen, rennen über die *Broad Street*, jagen weiter über *Magdalen Street*, sorgen für eine immense Steigerung der Autounfälle auf *Cornmarket* und sehen endlich den Mörder auf der *Beaumont Street* gegenüber dem *Hotel Randolph* zur Strecke gebracht. Gervase Fen nimmt sich und seine Tätigkeit als Detektiv ziemlich ernst – sofern er sich nicht gerade über beides lustig macht; Edmund Crispin, der Autor, nimmt hingegen weder Fen noch dessen Ermittlungen und schon gar nicht das Genre »Detektivroman« ernst. Damit schafft er ein geistvolles, ein ironisches Oxford. Ihm kommt es weniger darauf an, Spannung zu erzeugen, vielmehr möchte er dem Leser Spaß beim Aufspüren von Bösewichtern bereiten. Wenn Fen, mit einem Freund in der Falle sitzend, Sätze formuliert wie »Mord an der Uni« oder »Das Blut auf dem Mörtelbrett«, dann tut er das nach eigenem Bekunden, um Buchtitel für Crispin zu erfinden. Und Crispin, mit bürgerlichem Namen Bruce Montgomery, Komponist und Musiker, lässt Fen eine besonders raffinierte (und extravagante) *dying message* entschlüsseln: Das Opfer, ein Organist, hat die Register der Collegeorgel so gezogen, dass die Reihenfolge der Anfangsbuchstaben ihrer Bezeichnung den Namen des Täters ergeben (MORD VOR DER PREMIERE).

Hahn im Korb

Ein anderer Detektiv ist zwar »nur« Graduierter und somit kein Don, aber wenn er Lord Peter Wimsey heißt, mit Bravour sein Studium am Baillol College abgeschlossen hat, in vielen Bereichen als ein dominus wirkt und eine seiner wichtigsten Ermittlungen in einem College durchführt, dann darf man ihn auch in diesem Kapitel auftreten lassen. Bei einem seiner Fälle rettete er die Kriminalschriftstellerin Harriet Vane, die des Giftmordes an ihrem Geliebten angeklagt war, vor dem Galgen (STARKES GIFT). Sie gewinnt das Leben, er verliert sein Herz! Nun beginnt eine lange Geschichte von Heiratsanträgen und deren Ablehnung, aber auch von gemeinsamer Arbeit bei der Aufklärung schwieriger Kriminalfälle. Harriet hat ebenfalls in Oxford studiert; sie erwarb ihren Universitätsgrad am Shrewsbury College, dessen Vorbild in der Wirklichkeit das Somerville College ist, zu dessen Absolventinnen unter anderem auch Dorothy L. Sayers gehörte.

Somerville ist eines von fünf Colleges für Frauen, die alle in der zweiten Hälfte des 19. Jahrhunderts – häufig gegen heftigsten Widerstand – gegründet wurden, um auch dem weiblichen Teil der Bevölkerung den Zugang zur Universität zu eröffnen. Somerville beherbergte die Avantgarde der engagierten Wissenschaftlerinnen und Studentinnen. Das College ist auch jetzt noch stolz darauf, wesentlich zur Etablierung des Frauenstudiums beigetragen zu haben. Wenn man heute durch das große, wappengeschmückte Steinportal mit dem massiven Holztor tritt, am Pförtnerhäuschen vorbeigeht, erst den kleinen, dann den großen Innenhof durchschreitet, das Bibliotheksgebäude (den Stolz von Somerville und Shrewsbury) betrachtet und den Blick über die weite, blumengesäumte Rasenfläche schweifen lässt, dann stockt das Auge – es entdeckt viele Studenten, da Somerville sich inzwischen zur »Koedukation« entschlossen hat. Früher waren hier Iris Murdoch, Margaret Thatcher oder Benazir Bhutto unter sich!

Alljährlich veranstaltet Somerville ein festliches Treffen für ehemalige und gegenwärtige College-Mitglieder, und auch Shrewsbury lädt zum *gaudy day*. Harriet Vane nimmt diese Einladung an und erlebt dabei die mysteriösen nächtlichen Aktionen eines unbekannten Täters – oder sollte es etwa eine unbekannte Täterin sein (AUFRUHR IN OXFORD – *Gaudy Night*)? Die Professorinnen und Studentinnen werden mit anonymen Briefen, Pamphleten und Beschimpfungen belästigt und später sogar massiv bedroht. Manuskripte verschwinden, Eigentum der College-Mitglieder wird demoliert, und obszöne Unterstellungen drohen den Ruf des Colleges und, viel schlimmer noch, die Reputation des Frauenstudiums zu zerstören. Harriet versucht zuerst, auf Bitten der Dozentinnen, allein den Fall zu klären, doch ist ihr kein Erfolg beschieden. Also muss Lord Wimsey helfen, der sofort von einer diplomatischen Mission zurückkehrt. Ein wenig sieht er

Das Balliol College in Oxford: Zu seinen Schülern zählen die ehemaligen britischen Premierminister Harold Macmillan und Edward Heath sowie die berühmten Schriftsteller Graham Greene und Aldous Huxley.

sich in der nicht unangenehmen Rolle des »Hahn im Korb«, denn die (weiblichen) Dons und ihre Studentinnen sind durchaus nicht alle Blaustrümpfe, die dem Männlichen abhold wären. Doch der Charme und Scharfsinn Seiner Lordschaft scheinen nicht auszureichen, dem Täter das Handwerk zu legen.

Zu denken gibt ihm (und dem Leser), dass nicht alle Mitglieder des Colleges dem Frauenstudium uneingeschränkt positiv gegenüberstehen. Annie, eines der Hausmädchen beispielsweise, verwitwet, die Kinder in Pension gegeben, hat durchaus Vorbehalte gegen die gelehrten Frauen. Harriet gegenüber äußert sie mehrfach ihre Skepsis, fast schon ihren Abscheu, denn eine Frau, die sich der Wissenschaft verschreibt und vielleicht noch nicht einmal heiraten will, kann kein gutes Herz haben und verfehlt obendrein ihre ureigensten weiblichen Aufgaben. »Das große Wissen macht dich rasend«, zitiert Annie die Bibel (Apg. 26, 24). Sie hat kein Verständnis dafür, dass wissenschaftliche Korrektheit das oberste Gebot eines jeden Forschers ist. Dieses Gebot formuliert Wimsey, wenn er sagt, dass das einzige für die Wissenschaft gültige ethische Prinzip die absolute Verpflichtung zur Wahrheit sei. Das schwerste Verbrechen, das ein Wissenschaftler überhaupt begehen könne, ist die bewusste Verdrehung von Tatsachen. Eines solchen Verbrechens hat sich Annies Mann bei der Abfassung seiner Habilitationsschrift schuldig gemacht, und eine Professorin, die inzwischen am Shrewsbury lehrt, hat es aufgedeckt. Deshalb verfolgt Annie alle Wissenschaftlerinnen mit unbändigem Hass. Auch Harriet ist vor ihren Rachegelüsten, die in einem Mordversuch gipfeln, nicht sicher. Glücklicherweise kann Lord Peter Wimsey alles aufklären, niemand ist wirklich zu Schaden gekommen (man bedenke, ein schwieriger Kriminalfall ohne einen Mord!). Ruhe kehrt wieder in Shrewsbury ein, nur in der Sache Vane vs. Wimsey ist noch kein Urteil gesprochen. Doch dann, nach einem intensiven Gespräch mit der Rektorin und einem nicht minder intensiven Musikerlebnis mit Peter fasst Harriet endlich einen Entschluss. Auf dem Heimweg vom Konzert bleibt sie am New College stehen, und ihr, die zögert, bietet Peter die richtigen Worte an: »*Placetne, magistra?*« »*Placet.*« Ein solcher Heiratsantrag ist (oder war) wohl nur in Oxford möglich – und vielleicht noch in Cambridge.

Somerville College

High Table

Eine der vielen Traditionen an den ehrwürdigen alten Colleges der englischen Universitätsstädte Oxford und Cambridge ist das gemeinsame Essen von Professoren und Studenten in der *hall*, wobei die letzteren an den unten in der Halle angeordneten Tischen sitzen, die Dons und Fellows dagegen oben an dem quer zum Raum und erhöht an der Frontwand stehenden *High Table* Platz nehmen. Im normalen Trimester-Alltag sind die in diesen schönen alten Speisesälen – oft architektonische Kunstwerke – servierten Mahlzeiten wohl meist keine kulinarischen Offenbarungen.

Aber nicht nur in den vergangenen Zeiten, wie sie in AUFRUHR IN OXFORD geschildert werden, sondern auch heute noch finden in diesen *halls* mehrmals im Laufe des akademischen Jahres bei diversen Gelegenheiten Festbankette statt, zu denen die Professorenschaft, formell gewandet, langsam und zeremoniell einzieht und sich mit ihren Gästen an der festlich gedeckten Hohen Tafel niederlässt, um sich an einem wahrhaft üppigen Mahl zu laben, für das die Collegeköche ihr Bestes gegeben haben. Je nach Anlass (Verabschiedungen, Jahresfeiern, Vorlesungsende und anderes) wird die Abfolge des Menüs durch Ansprachen und Trinksprüchen (*toasts*) unterbrochen. Auf jeden Fall pflegt man bei solchen Gelegenheiten das angeregte, gebildete Gespräch – wobei letzteres mindestens ebenso wichtig ist wie das Essen selbst.

Die Speisenfolge eines solches Galadiners könnte folgendermaßen aussehen:

Lauch-Koriander-Suppe

*

Gebratene Lachskoteletts mit Rosa-Pfeffer-Sauce
dazu Dampfkartoffeln und Gurkensalat

*

Lamm aus dem Ofen mit Minzsauce
dazu junge Erbsen à la française
und neue Butterkartoffeln

*

Trifle

*

Käse, Obst, Kuchen

*

Kaffee

Lauch-Koriander-Suppe

500 g Lauch
1 Zwiebel, feingewürfelt
60 g Butter
50 g Mehl
Salz, weißer Pfeffer, Zucker nach Geschmack
2 TL gemahlener Koriander
1 TL abgeriebene Zitronenschale
900 ml Hühner- oder Gemüsebrühe
125 ml flüssige Sahne
100 ml geschlagene Sahne
frische Korianderzweige
2 Scheiben Weißbrot
1 EL Olivenöl

Lauch gut waschen und in feine Ringe schneiden. Die Zwiebelwürfel in Butter andünsten, Mehl, Korianderpulver und Zitronenschale zufügen, glatt rühren. Nach und nach die Brühe unterrühren und zum Kochen bringen. Salz, Pfeffer, Zucker und Lauch hinzugeben und 8-10 Minuten köcheln lassen. Sahne einrühren, abschmecken.

Weißbrot würfeln, in heißem Olivenöl knusprig braten. Die Suppe in 4 Teller verteilen, mit Schlagsahne, Croutons und reichlich Korianderblättchen garnieren.

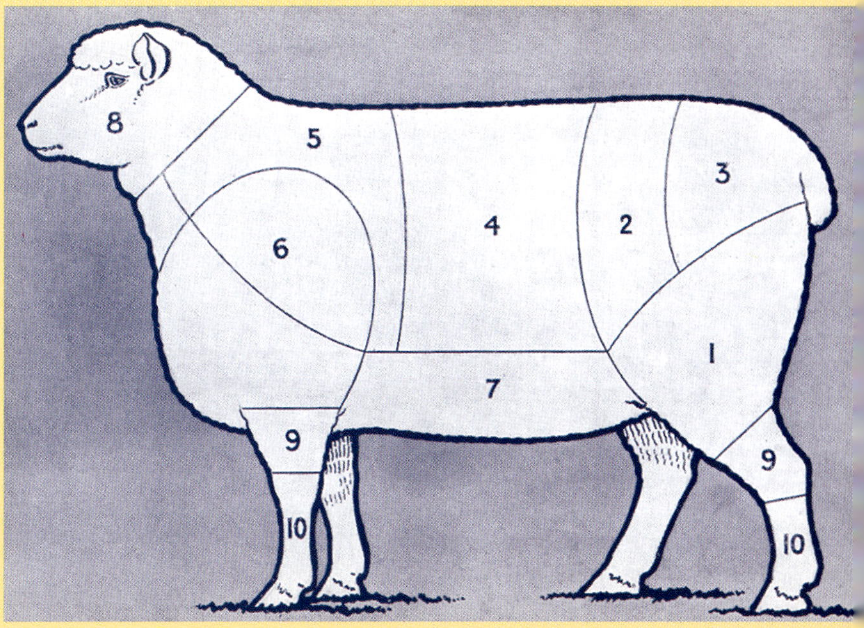

Gebratene Lachskoteletts mit Rosa-Pfeffer-Sauce

4 Lachskoteletts · 50 g Butter
Salz, Zucker, Cayennepfeffer
200 ml Weißwein · 300 ml Sahne
2-3 EL rosa Pfefferkörner · 2 El Schnittlauch in Röllchen

Butter in einer großen Pfanne erhitzen und die gesalzenen Lachskoteletts bei mäßiger Hitze von beiden Seiten braten. Dann auf eine vorgewärmte Servierplatte legen und in der geöffneten Tür des angestellten Backofens warm halten. Weißwein in die Pfanne gießen und bei großer Hitze reduzieren. Sahne hinzufügen und so lange einkochen lassen, bis eine cremige Sauce entsteht. Rosa Pfeffer im Mörser zerdrücken und zusammen mit dem Schnittlauch und einem Hauch Cayennepfeffer an die Sauce geben. Diese mit Salz und Zucker abschmecken und um die Lachsscheiben gießen. Mit Salzkartoffeln und Gurkensalat servieren. Dazu als Wein einen weißen Macon.

Lamm aus dem Ofen mit Minzsauce

1,5 kg Lammkeule, entfettet
3 Knoblauchzehen · 200 ml Lammfond
3 EL Öl · 3 TL scharfer Senf
2-3 Rosmarinzweige · Salz, schwarzer Pfeffer

Den Ofen auf 230 Grad vorheizen. Eine Knoblauchzehe halbieren und das Fleisch damit einreiben. Das Öl mit Salz, Pfeffer und Senf verrühren und die Lammkeule damit bestreichen, diese dann mit der Hautseite nach oben in einen Bräter setzen und mit den zerkleinerten Nadeln von einem Rosmarinzweig bestreuen. Den Lammfond angießen, die beiden restlichen Knoblauchzehen (ungeschält) und Rosmarinzweige dazulegen und in den Ofen schieben. Nach 20 Minuten die Temperatur auf 160 Grad herabsetzen und das Fleisch in etwa 2 Stunden rosa braten (eventuell später mit Alufolie abdecken). Vor dem Tranchieren 15 Minuten ohne Hitze ruhen lassen.

Minzsauce

3 EL feingehackte Blätter englischer Minze
(dunkelgrüne Blätter, rötliche Stiele)
30 g feiner Zucker
100 ml Wasser
130 ml Weißweinessig

Wasser und Zucker zu Sirup kochen. Minzblätter und Essig hineinrühren. Getrennt zum Fleisch reichen.

Als Beilagen serviert man kleine neue Kartoffeln, in der Schale gekocht und so in Petersilienbutter geschwenkt sowie junge Erbsen.

Trifle

1 Biscuitboden (oder 12 Löffelbiscuits)
20 kleine Amaretti
150 ml Cream Sherry
1 große Dose Pfirsichhälften, abgetropft
4 EL Himbeermarmelade
500 ml feiner Vanillepudding
300 ml grüne Götterspeise
200 g frische Himbeeren
350 ml Sahne · 40 g feinster Zucker
Mandelblättchen, einige grüne Belegkirschen

Biscuit in 2 cm dicke Würfel schneiden und auf den Boden einer großen Glas- oder Kristallschüssel legen. Mit einer Mischung aus Pfirsichsaft und Sherry beträufeln. Die Himbeermarmelade darüber verteilen, darauf die klein geschnittenen Pfirsiche sowie die Hälfte der Amaretti und der Himbeeren geben. Nun den noch leicht warmen Vanillepudding (verfeinert mit 2 Eigelb, abgeriebener Zitronenschale, 1 TL Vanilleextrakt, 1 EL Brandy) darauf gießen. Die Schüssel mit Frischhaltefolie abdecken (um Hautbildung zu verhindern) und für 30 Minuten in den Kühlschrank stellen. Danach die grüne Götterspeise (falls sie zu fest ist, gut durchrühren) auf dem Vanillepudding verteilen und zurück in den Kühlschrank stellen, bis die Götterspeise fest ist.

Am besten den Trifle am Vortag zubereiten und über Nacht im Kühlschrank durchziehen lassen. Vor dem Servieren die Sahne mit dem Zucker steif schlagen. Die Hälfte davon glatt auf die Götterspeise streichen, die andere Hälfte dekorativ darauf spritzen. Den Trifle mit den restlichen Himbeeren und Amaretti, grünen Belegkirschen und gerösteten Mandelblättchen verzieren.

Nach dem Dessert ziehen sich die Dons meist in einen behaglichen *common room* zurück, wo man die Gespräche weiterführt und sich gerne noch ein wenig Extra-Nachtisch (zum Beispiel Käse, Obst oder Kuchen) schmecken lässt, sich einen Sherry oder Portwein eingießt, eine Zigarette raucht und zum Abschluss des geselligen Abends seinen Kaffee trinkt.

Englische Vorlieben und Verbrechen

Tod auf dem Turf und anderswo

Sid Halley und andere Spezialisten

Die meisten Detektive, denen wir bisher begegneten, haben ein Hobby, und da es englische Detektive sind, reiten sie typisch englische *hobby horses* wie *gardening*, *book hunting* oder *cricket*. Bisher noch nicht erwähnt wurden die von einer großen Anzahl der Inselbewohner mit Leidenschaft betriebenen Vergnügungen wie Antiquitätensammeln, Glockenläuten oder der Besuch von Pferderennen. Nun haben viele Menschen diese Liebhabereien zum Beruf gemacht und gehen ihrerseits kriminalistischen Ermittlungen als Hobby nach – zuweilen allerdings durch die Umstände gezwungen. So werden wir in diesem Kapitel einige Rennplätze besuchen und – ohne zu wetten – beim *horseracing* zuschauen; wir werden einen Antiquitätenhändler auf seinen Streifzügen begleiten, bei denen er nach Kostbarkeiten für seinen *curiosity shop* sucht, und wir werden einer Mannschaft von *bellringers* zuhören, wenn sie die Glocken einer Kirche nach campanologischen Regeln zum Erklingen bringt. Und während wir im vorherigen Kapitel Oxford als eine der gefährlichsten Städte des Königreiches kennen gelernt haben, werden wir jetzt unsere Exkursionen in einer der gefährlichsten Landschaften der Insel unternehmen: in *East Anglia*.

Eine Stadt für Pferde

Für all jene Engländer, die sich für Pferde und Pferderennen interessieren, ist Newmarket nicht nur der wichtigste Ort im Osten der Insel, sondern – wie eine Sportzeitung meint – *the horseracing capital of the world*. Die sportliche Geschichte des Städtchens (heute etwa 17.000 Einwohner und zuweilen kaum weniger Pferde) beginnt bereits 1605 mit dem rennbegeisterten James I., nach dem noch viele Adelige und Könige mit ihren Pferden und häufig auch mit ihren Mätressen in die kleine Stadt in Suffolk kamen. Newmarket ist eine Stadt für Pferde, weniger für Menschen, und wenn für Menschen, dann für solche, die auf Pferden sitzen oder auf Pferde wetten. Die einen sind fast täglich anzutreffen, wenn sie auf der berühmten *Newmarket Heath* trainieren, die anderen kommen während der Saison von April bis Oktober, um auf den beiden Rennstrecken – *Rowley Mile Course* und *July Course* – ihrer Wettleidenschaft zu frönen; im Mai setzen sie beispielsweise auf die Classics. Und wo es um viel Geld geht, um Ehrgeiz, Kampf und Sieg, da sind auch jene Versuchungen groß, die dem Verbrechen den Weg bereiten. Um in dieser Welt erfolgreich Straftaten zu verhindern oder aufzuklären, ist ein Experte gefragt, am besten ein Jockey. Das jedenfalls meint Dick Francis, dessen Detektive nicht selten ehemalige Rennreiter sind oder zumindest Insider im Renngeschäft.

Viele Jahre war Richard Stanley »Dick« Francis selbst einer der erfolgreichsten und berühmtesten Jockeys des Königreiches, und sogar einige der Royals wie Queen Mum ließen ihre Pferde von ihm zum Sieg führen. Francis war vor allem ein Hindernisreiter, ein Spezialist für *Steeplechase*. Diese Rennart entstand aus ländlichen Reitgewohnheiten, bei denen die wilde Jagd querfeldein, über Hecken, Gräben und Gemäuer von Kirchturm (*steeple*) zu Kirchturm ging, möglichst einem Fuchs auf der Spur. Hieraus entwickelte sich das *National Hunt Racing*, dessen berühmteste Rennen das *Grand National* (seit 1839 in Aintree) und der *Cheltenham Gold Cup* (seit 1924 in Cheltenham) sind. In Cheltenham lassen sich übrigens zwei englische Leidenschaften aufs schönste miteinander verbinden: In den Gebäuden auf der Rennbahn finden regelmäßig *Book Fairs* statt, so dass der lesehungrige Wetter auch seiner Neigung zum *book hunting* nachgehen kann.

Es gibt viele berühmte Rennplätze in England, aber nicht alle haben ihren Ruhm allein dem Sport zu verdanken. Ascot zum Beispiel ist bekannt für die exzentrische Modenschau der Zuschauerinnen; Aintree ist berüchtigt für spektakuläre Massenstürze an gefährlichen Hindernissen beim *Grand National*. Das Zentrum der so genannten *racing industry* aber bleibt New-

The National Stud ist die einzige Pferdezuchtanstalt in England, die ihre Pforten dem interessierten Publikum öffnet. Regelmäßig werden Führungen angeboten.

Buntes Treiben vor Beginn des Rennens auf dem *July Course*, einer der Strecken in Newmarket. Viele Freunde des Pferdesports frönen vor allem einer Leidenschaft: dem Wetten.

market. Hier wurde das *National Stud*, die Zuchtanstalt für Vollblüter, gegründet, hier residierte bis vor wenigen Jahren der traditionsreiche *Jockey Club* in einem eindrucksvollen georgianischen Gebäude in der *High Street*, in dem einflussreiche *stewards* die Rennregeln aufstellen und ihre Einhaltung streng überwachen und in dem ein Jockey höchstens ehrenhalber Mitglied werden kann. Die meisten Trainer haben hier ihre Ställe, in denen sie die Pferde wohlhabender Besitzer für die nächsten Rennen vorbereiten, sich aber gelegentlich auch krimineller Machenschaften erwehren müssen.

So ergeht es etwa George Caspar, dem mysteriöserweise zwei exzellente Rennpferde an Herzschwäche sterben und dessen Frau sich daraufhin so sehr um den Favoriten für das nächste Rennen sorgt, den sie gerade im Stall haben, dass sie Sid Halley mit Nachforschungen beauftragt (HANDICAP). Halley war ein außerordentlich erfolgreicher Jockey, bis ihm bei einem Sturz seine linke Hand zertrümmert wurde und er sich vom Rennsport zurückziehen musste. Nun ist er ebenso erfolgreich bei Ermittlungen im Rennmilieu, wobei ihm nicht nur seine Erfahrungen, sondern auch seine guten Beziehungen zustatten kommen. Seine private Situation ist nicht ganz so erfreulich. Seine Frau ließ sich von ihm scheiden, weil er den Rennsport nicht ihretwegen aufgeben wollte; sein Ex-Schwiegervater aber, ein pensionierter Admiral, ist zu seinem besten Freund geworden, der ihm auch in schwierigen Situationen beisteht. Und davon erlebt Halley genug! Für den Tod der Pferde, so stellt sich heraus, ist ein macht- und geldgieriger Buchmacher verantwortlich, der, aus kleinen Verhältnissen zu Reichtum gekommen, alles zu vernichten trachtet, was seinen weiteren Aufstieg behindern könnte – und ganz oben auf der Liquidationsliste steht Halley. Dieser ist außerdem vom Sicherheitschef des *Jockey Clubs*,

einem ehemaligen Offizier, beauftragt, möglichen Korruptionsfällen im Wettgeschäft nachzugehen. Fast zu spät merkt Halley, dass die Schläger, vor denen ihn der Commander warnte, von eben diesem auf den Weg geschickt wurden. Bei seinen Ermittlungen sieht sich der Ex-Jockey erbarmungslosen Kontrahenten gegenüber, die ihn mit sadistischer Gewalt von seinen Recherchen abbringen wollen. Doch auch der brutale Einsatz von Schlagstöcken, Ketten und Lederriemen kann Halley nicht stoppen; zwar ist er übersät mit Blutergüssen, die Schmerzen lassen ihn fast bewusstlos werden, doch ist er der Anständigkeit und Fairness im Rennsport so sehr verpflichtet, dass er allen Drohungen zum Trotz die leitenden Herren des *Jockey Clubs* über jene Straftaten aufklärt, die von einem Mitglied ihrer ehrwürdigen Institution begangen wurden.

Halley ist zwar kein Jockey mehr, doch einen der schönsten Momente im Verlauf der riskanten Ermittlungen erlebt er, als ihm ein Trainer in Newmarket ein Pferd für einen Trainingslauf bei der Morgenarbeit anbietet. Sid Halley entsinnt sich seiner Begeisterung, die er während der Ausbildung zum Jockey empfunden hatte, und ein wenig von der Faszination dieses Sports teilt sich auch dem Leser mit, wenn der Ex-Jockey die Beziehung zwischen Mensch und Tier beschreibt, die zunächst von der Fremdheit zwischen ihnen geprägt ist, dann aber auch von den Anstrengungen, sie zu überwinden. Dick Francis legt diese Feststellung einem Hindernisreiter in den Mund – einem Jockey, wie er selbst einer war.

Doch auch die Jockeys in Flachrennen machen ähnliche Erfahrungen, und auch für sie ist es von besonderer Bedeutung, sich intuitiv auf das Pferd einzulassen, das sie im Rennen zu bewegen haben. Wenn man sich etwas näher mit der Theorie und Praxis des Rennreitens beschäftigt, wenn man die Ratschläge liest, die erfahrene Jockeys den Aspiranten für ihren Sport geben, dann wird deutlich, dass ein guter Jockey fast zwangsläufig auch ein guter Detektiv sein muss. Die Regeln sind ganz einfach: Bringe so viel wie möglich über das eigene Pferd und die gegnerischen Tiere in Erfahrung, berücksichtige die Stärken und Schwächen der Rivalen, stimme die Taktik auf die gewonnenen Erkenntnisse ab – kurz: beobachte, kombiniere, agiere, gewinne!

Ein Gang durch das Landstädtchen Newmarket vermittelt den Eindruck friedlicher Idylle, die höchstens dadurch gestört wird, dass ein Pferd seinen Reiter beim Training abgeworfen hat und nun mit einer *pace*, die sonst dem Endspurt im Rennen vorbehalten bleibt, über die Weideflächen rennt und sich zuweilen sogar in die *High Street* verirrt. Aus der nahen Umgebung sind die Menschen zum Einkaufen gekommen, von weiter her reisen die Touristen an und suchen Unterkunft im *Rutland Arms Hotel*, durch dessen großen Torbogen früher die Kutschen in den Hof fuhren. Oder sie steigen im feineren *Bedford Lodge Hotel* ab, das im späten 18. Jahrhundert als *hunting lodge* im georgianischen Stil für den Herzog von Bedford gebaut wurde. Hier könnten sie – wenn es denn möglich wäre

Pferderennen sind in England zumeist große gesellschaftliche Ereignisse. Auf elegante Kleidung und extravaganten Hutschmuck verzichten nur wenige Besucher.

– manchen der Helden aus Francis' Romanen treffen, die sich zwischen ihren Abenteuern im komfortablen Ambiente ausruhen wie zum Beispiel der junge Regisseur Thomas Lyon, der bei Dreharbeiten auf einen Todesfall stößt, der 26 Jahre zurückliegt und ein Selbstmord gewesen zu sein scheint (ZÜGELLOS). Wer die einfacheren Genüsse schätzt, kehrt auf einen Drink im *Waggon & Horses* ein und kann sich vielleicht von Pferdepflegern und Arbeitsjockeys ein paar mehr oder minder heiße Tipps fürs nächste Rennen geben lassen.

Der Eindruck der Idylle aber, den der Besucher gewinnen mag, trügt – zumindest wenn man den Romanen von Dick Francis Glauben schenken darf. Dort erfährt man, dass Jockeys unter Druck gesetzt werden, um bei der Manipulation von Rennen mitzuhelfen (REFLEX), oder dass man Agenten für Vollblüter zu unsauberen Geschäften verleiten will, um Komplizen bei den eigenen Machenschaften zu haben (ZUSCHLAG). Nicht selten muss der Held nicht nur um seinen Besitz, sondern auch um sein Leben kämpfen, wie Neil Griffon, der den Reitstall seines Vaters führt und den ein Krimineller mit brutalen Mitteln dazu zwingen will, seinen (noch nicht kriminellen) Sohn auf dem besten Pferd fürs Derby zu melden (KNOCHENBRUCH). Es sind nicht nur Pferdeknochen, die im Stall und auf dem Geläuf splittern! Neil muss sich mit allen Mitteln seiner Haut wehren, aber es gelingt ihm, der Erpressung zu trotzen und darüber hinaus den jungen Mann zu einem tüchtigen Jockey zu machen. Dieser wird allerdings dabei seinem Vater abtrünnig, was in einem blutigen Showdown auf der Heidefläche an der *Bury Road* endet. Glücklicherweise erlebt der Rennplatzbesucher in der Wirklichkeit Derartiges kaum, und auch die Sportgazetten wissen nur selten über Brutalitäten auf dem Turf zu berichten – doch das mag daran liegen, dass nicht immer ein Dick Francis bereitsteht, um verborgene Verbrechen zu enthüllen.

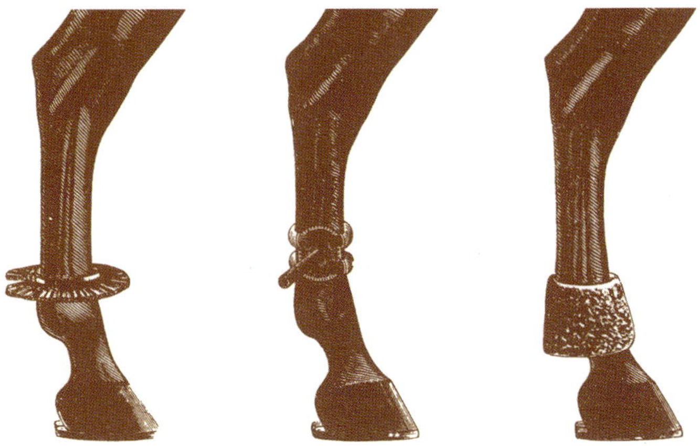

Antiquitätensammler haben es leicht in England: In unzähligen großen und kleinen Geschäften stoßen sie auf gut erhaltene alte Möbel, wertvolle Chinoiserien, kostbare Erstausgaben bekannter Bücher und vieles mehr.

Jagd nach Antiquitäten, Frauen – und Verbrechern

Nicht nur das Herz des Pferdefreundes schlägt höher, wenn er von London Richtung Nordost fährt. Antiquitätensammler nehmen eine ähnliche Route, doch sie steuern an Newmarket vorbei und halten Kurs auf Bury St. Edmunds, Lavenham oder Long Melford, um sich auf Schatzsuche zu begeben. In diesen Orten wie auch in vielen anderen Städten und Dörfern Suffolks und ganz East Anglias wird nicht nur die *High Street* von zahlreichen Geschäften mit alten Möbeln, Chinoiserien, Zinn- und Glasutensilien, Uhren und Bildern gesäumt: Selbst in abgelegenen Seitenwegen stößt man auf das malerische, vielleicht im typischen Suffolk-Pink gestrichene Cottage eines Händlers. Und ein solches Cottage gehört möglicherweise Lovejoy, Inhaber von *Lovejoy Antiques Inc.* und, je nach Visitenkarte, Gutachter für *Sotheby's* oder *Christie's* oder gar für das *Victoria and Albert Museum*, denn immerhin wollen potentielle Käufer beeindruckt werden.

Lovejoy ist ein liebenswerter Filou in Bezug auf Frauen und ein exzellenter Experte in Bezug auf Antiquitäten. Er selbst drückt es in seiner unnachahmlich schnodderigen und zugleich treffenden Weise so aus: »Antiquitäten, Frauen und mein persönliches Überleben – das sind die einzigen Interessen, die ich pflege. Klingt simpel, aber versuchen Sie doch mal, die richtige Reihenfolge zu finden.« (Lovejoys Gral) Antiquitäten sind für ihn eine Sache der Leidenschaft, die sogar ein Schäferstündchen unterbrechen kann, wenn ihm gerade dann ein seltenes Stück angeboten wird, und die dafür sorgt, dass das Objekt seiner nun zweitrangigen Begierde einen Wutanfall bekommt. Sein Sinn für den Wert und die Echtheit von alten Kunstwerken ist sicherlich ausgeprägter als sein Verständnis für den Wert von Gefühlen – und auch profitabler. Häufig kämpft Lovejoy um das materielle Überleben, dabei müsste er eigentlich reich sein, sehr reich, denn er verfügt über eine Begabung, die in seinem Metier nicht mit Gold aufzuwiegen ist – er kann mit sicherem Gespür Original und

Fälschung unterscheiden. Einem Wünschelrutengänger (*water diver*) vergleichbar, erahnt er »Echtheitsquellen« und gilt dadurch unter seinen Kollegen als *Divvie*, dessen Fachwissen uneingeschränkt bewundert wird. Geradezu ekstatisch wird diese Ahnung, wenn Lovejoy auf Bilder trifft, die dem berühmtesten Maler East Anglias, John Constable, zugeschrieben werden können. Die besonderen Fähigkeiten des Händlers Lovejoy haben sicherlich ihren Ursprung in dem Fachwissen des Autors Jonathan Gash, der während seines Medizinstudiums in Londoner Antiquitätengeschäften arbeitete, wo er sich zum Experten für alte Gegenstände ausbildete. Auch jener Leser, der nicht der Sammelwut verfallen ist, kann von diesen Kenntnissen profitieren.

Lovejoy betätigt sich in einem Gewerbe, das von der Leidenschaft, wenn nicht sogar von der Gier lebt: Ein wahrhaftiger, unverbesserlicher Sammler ist ohne diese Emotionen nicht denkbar. Lakonisch charakterisiert Lovejoy diese Spezies als die einzigen Fanatiker, die in der Welt verblieben seien. Wer sonst würde seine Frau verkaufen, Pleite gehen, zum Dieb und Betrüger werden, nur um irgendwelche merkwürdigen Dinge wie Dampfmaschinen, Teetassen, Bahnhofslaternen oder alte Korsette zusammenzutragen. Und wo derartige Gefühle zum Kernbestand der Existenz gehören, muss auch mit verbrecherischen Instinkten gerechnet werden. Der ostenglische Experte Lovejoy kennt sich in vielen Bereichen von Kunst und Handwerk aus, und deshalb ist er im Prinzip auch die richtige Adresse für einen an Duellpistolen interessierten Sammler (Lovejoys Duell). Dieser Gentleman sucht allerdings sehr spezielle Exemplare! Er fahndet nicht etwa nach einfachen Offizierspistolen, die man an der relativen Kürze ihres Laufes erkennen kann, sondern nach Pistolen mit dunklen, mindestens vierzig Zentimeter langen Läufen, möglichst von Durs Egg, dem berühmten Büchsenmacher des Regency gefertigt. Ein Sammler, der solche Waffen auf seinem Dachboden entdeckt, sollte sofort in der nächsten Kirche eine Kerze anzünden, da er für den Rest seines Lebens ausgesorgt habe – so jedenfalls Lovejoys Vorschlag. Nebenbei: In aktuellen englischen Antiquitätenkatalogen werden Duellpistolen von Durs Egg nur mit dem Hinweis »Preis auf Anfrage« angeboten.

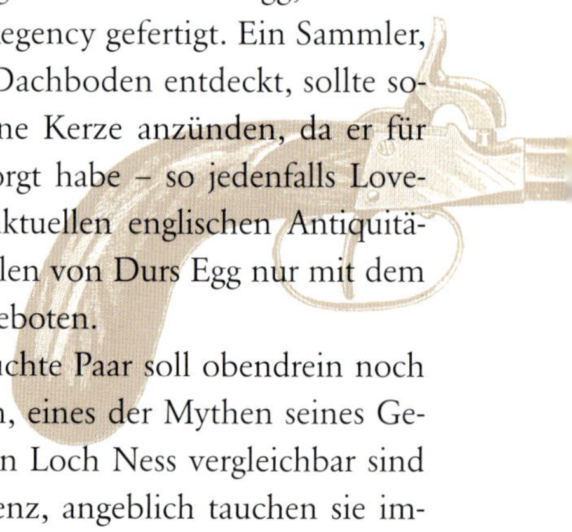

Das von dem Sammler gesuchte Paar soll obendrein noch das mysteriöse »Judas-Paar« sein, eines der Mythen seines Gewerbes, die dem Ungeheuer von Loch Ness vergleichbar sind – viele glauben an deren Existenz, angeblich tauchen sie immer wieder auf, aber noch keiner hat sie tatsächlich gesehen. Diese Pistolen sollen das dreizehnte Paar in einer Serie sein; der Verbleib der anderen zwölf Paare ist bekannt. Bald stellt

sich heraus, dass der Bruder des Interessenten das gesuchte Exemplar erworben hatte – und bald danach auf mysteriöse Weise ermordet wurde. Lovejoy macht sich, nachdem er die hübsche Witwe kennen gelernt hat, auf die Suche nach den Pistolen und auf die nach dem Mörder, und schon bald wird deutlich, dass sein ständiger Kampf ums Überleben nicht allein den schnöden Mammon betrifft. Der Mörder, ein Geistlicher und Freund des Sammlers, fordert ihn zum Zweikampf, denn zweckmäßiger können Duellpistolen wohl kaum verwandt werden. Kurz vor dem schon fast sicheren Tod erkennt Lovejoy, was es wirklich mit den verräterischen Waffen auf sich hat: Eine ist so konstruiert, dass sich der Zielende mit dem im Inneren der Pistole umgekehrten Lauf selbst durch das Auge schießen muss, und wenn das Geschoss eine sich im Opfer auflösende Eiskugel ist, kann man vom perfekten Mord sprechen. Oder von einem perfekten, feigen Duellanten, denn diese Waffe diente im 18. Jahrhundert einem rauflustigen »Gentleman« dazu, Händel ohne Risiko einzugehen und erfolgreich zu bestehen. Bei einer genaueren Untersuchung der Waffe stößt Lovejoy auf eine Inschrift, die die Identität dieses »Gentlemans« enthüllt: *REX ME FECIT* – »der König hat mich gemacht«.

Lovejoy hat in seiner Umgebung fast ausschließlich Dinge, die alt sind, allerdings nicht immer zugleich auch wertvoll. Seine ständig defizitären Finanzen zwingen ihn, ein Cabrio zu fahren, mit dessen Höchstgeschwindigkeit jeder ungeübte Läufer mithalten kann, das wegen eines defekten Verdecks nicht im Regen bewegt werden sollte und bei dem die Scheinwerfer Öllampen sind, die mittels Streichhölzer mühsam zum Leuchten gebracht werden; diese umständliche Prozedur verbietet Fahrten in jenem feuchten und stürmischen Wetter, das in East Anglia so selten nicht ist. Doch gibt es kaum etwas, das Lovejoy davon abhält, auf der Jagd nach Antiquitäten mehr oder minder gefährliche Hindernisse zu überwinden – sei es durch kämpferischen Körpereinsatz, sei es durch den Einsatz von Phantasie und Geist. Sein Meisterstück vollbringt er, als er beim Showdown in einem kleinen Museum des Ortes seine Kenntnisse dazu nutzt, mit all dem, was gerade zur zitternden Hand ist, eine museale Kanone zur tödlichen Waffe umzurüsten: Schwefel, Salpeter und die Jettperlen seiner Begleiterin für die Schwarzpulverproduktion, eine ausgestellte Zunderbüchse als Streichholzersatz und der Faden der Perlenkette als Lunte. Und so gelingt es ihm, mit dem gewaltigen Schuss aus einer Antiquität andere Antiquitäten und sich selbst zu retten (LOVEJOYS GRAL). Allerdings: Ganz gelingt die Rettung nicht! Lydia, seine Begleiterin und zugleich sein Lehrling, nimmt sich nachdrücklich seiner Person und der im Kampf

Die Fens – eine feuchte Marschlandschaft in East Anglia. Erst im 17. Jahrhundert gelang es, dieses Gebiet weitgehend trocken zu legen.

eroberten Kostbarkeit an. Voller Unbehagen sieht Lovejoy das Ungemach einer festen Verbindung heraufziehen, die ihn und seine Antiquitäten unter Kuratel stellen könnte – aber auch für dieses Problem wird er eine Lösung wissen.

Von Glocken halte sich der Böse fern

Wir bleiben noch etwas in East Anglia und wenden uns einer anderen englischen Besonderheit zu, die – so Dorothy L. Sayers – wie fast alle englischen Besonderheiten der übrigen Welt unbegreiflich ist. Während man Pferderennen auch auf dem Kontinent besuchen kann und Sammler alter Kunstschätze in ganz Europa anzutreffen sind, wird man begeisterten Campanologen, den Jüngerinnen und Jüngern des kunstvollen Wechselläutens, nur auf der Insel begegnen. Wer am späten Samstagnachmittag durch ein englisches Dorf fährt, wird akustisch auf den Sonntag eingestimmt, denn wie überall in der (christlichen) Welt läuten auch hier Glocken den Feiertag ein. Hält er jedoch an und hört genauer hin, merkt der Reisende, dass die Töne vom Turm ungewöhnlich klingen: kein melodisches Glockenspiel, keine vereinzelt angeschlagene Glocke, sondern ein ständiger Wechsel im Geläute, bei dem alle Glocken in jeweils geänderter Reihenfolge erklingen und nur der Kundige erkennt, nach welchen Regeln gerade geläutet wird. Und diese Regeln basieren auf den mathematischen Prinzipien von Kombinatorik und Permutation, nach denen die Sequenz der einzelnen Zyklen verändert wird! *Ringing the changes* bedeutet, dass die Glocken nacheinander, aber nie in derselben Abfolge geläutet werden. Ein Geläute von fünf Glocken ermöglicht 120, einer von sieben bereits 5040 und einer von neun immerhin 362.880 Durchgänge (*changes*). Bedenkt man ferner, dass bei einem Geläute von sieben Glocken die entsprechenden Durchgänge etwa drei Stunden dauern, bei acht Glocken mindestens neun Stunden benötigt werden, dann wird deutlich, dass *bell ringing* auch eine sportliche Herausforderung darstellt: Die Arme werden müde, an ungeübteren Händen bilden sich Blasen und die Konzentration lässt nach. Da es obendrein noch viele verschiedene Möglichkeiten des Wechsels gibt – vom einfachen *plain hunting* bis zu den

schwierigen Figuren, die beispielsweise von Fabian Stedman, dem ersten Theoretiker des *bell ringing*, im 17. Jahrhundert kreiert wurden –, kann dieses spezielle Glockenläuten zu einer abend- und nachtfüllenden Beschäftigung werden, an der die Bewohner des Dorfes notgedrungen Anteil nehmen müssen. Doch da die Glocken in genau bemessenen Schlägen auch für sie läuten, wenn einer der ihren gestorben ist, wissen sie die Aktivitäten ihrer Nachbarn, die oft besondere Anstrengungen zu Ehren eines Mitbürgers auf sich nehmen, durchaus zu schätzen. In der kleinen Dorfkirche in Bladon zum Beispiel, nahe Schloss Blenheim gelegen, verkündet eine Tafel, dass zur Erinnerung an Sir Winston Churchill, der auf dem Friedhof begraben liegt, sechs Tage nach seinem Tod im Januar 1965 *a peal of 5040 plain bob minor* geläutet wurde.

Dorothy L. Sayers, als Tochter eines Pfarrers in der Nähe von Kirchen und unter Glockentürmen aufgewachsen, hat von Kindheit an miterlebt, wie die Faszination des *bell ringing* etliche Mitglieder der Gemeinde unabhängig von Stand und Wohlstand an den *ropes*, den Seilen, zusammenführte. Nachdem er eine Zeitlang in Oxford tätig war, übernahm Reverend Henry Sayers verschiedene Pfarrstellen in den Fens, der moorigen, von zahlreichen Kanälen durchzogenen flachen Landschaft in East Anglia. Zuerst stand er der Gemeinde in Bluntisham-cum-

Mitglieder der *Ladies Guild of Change Ringers* von *St. Clement Danes*. An die Glocken dieser Kirche erinnert das Kinderlied: *Oranges and Lemons say the bells of St. Clements.*

Earith vor, einem Ort in der Nähe von Ely, wo er mit seiner Familie in dem herrschaftlich anmutenden Vikariat in der Nähe der sehr alten, schon im Domesday Book erwähnten Kirche wohnte. Über die acht Glocken dieser Kirche und ihre Restauration verfasste er übrigens eine kleine Broschüre, von deren Sachkenntnis sicher auch seine Tochter profitierte. Später zog er in die Pfarrei von Christchurch, weiter nördlich in den Marschen gelegen, deren Kirche und *rectory* (Pfarrhaus) fast verwunschen wirken.

Fährt man an einem schönen Sommertag durch die Fens und nimmt von Bluntisham die Route nach Christchurch, ohne dabei das nördlicher gelegene Denver und Lord Wimseys Verwandtschaft zu besuchen, kommt man durch flaches, feuchtes, grünes Land, über dem die Wolken selbst dann tief hängen, wenn der Himmel sehr hoch zu sein scheint. Neben der Straße zieht sich ein Kanal hin, und überall verweisen Schilder auf die Gefahr von Überschwemmungen – eine Gefahr, die man in der hellen Einsamkeit dieser Landschaft völlig fern glaubt. Im Winter aber werden die Straßen glatt, das ebene, schneebedeckte Land bietet keine Orientierung mehr, und wer dann noch zu rasant um die engen Kurven fährt, stürzt schnell in einen der zahlreichen Wasserläufe. Lord Peter Wimsey ist solch ein sportlicher Fahrer, und auf dem Weg zu Freunden landet er an einem Sylvesternachmittag selbst im Graben (DER GLOCKEN SCHLAG). Er und Butler Bunter haben Glück im Unglück; ein Fußmarsch bringt sie nach Fenchurch St. Paul, und der dortige Pfarrer nimmt sie gastlich auf. Seine Frau sorgt für einen leckeren Tee mit herrlich fettigen Butterplätzchen, und auch ein behagliches Bett steht schon bereit – doch das Schicksal und die *bell madness* des Pfarrers haben es anders bestimmt. Statt einer ruhigen Nacht im Pfarrhaus verbringt Wimsey eine höchst unruhige Nacht im Glockenturm: Einer der acht *bell ringer* liegt fiebernd im Bett, und Seine Lordschaft tritt – nach kurzem Training – an die Stelle des Erkrankten, um gemeinsam mit den Dorfbewohnern und dem Pfarrer als *tower captain* das neue Jahr mit 15.840 Wechseln *Kent Treble Bob Major* einzuläuten. Diese Leistung scheint schon das Bemerkenswerteste zu sein, von dem berichtet werden kann. Das einzige Verbrechen im Dorf, der nicht ganz geklärte Diebstahl eines wertvollen Smaragdhalsbandes, liegt schon viele Jahre zurück und gehört somit – vermeintlich – bereits der Historie an. Aber dies ist natürlich nicht der Fall! Zu Beginn des neuen Jahres stirbt der Gutsherr, wenige Monate später seine Frau, und als Mr. Gotobed, der Totengräber, das herrschaftliche Grab für die nächste Beerdigung öffnet, findet er eine Leiche. Diese ist so grässlich zugerichtet, dass eine Identifizierung unmöglich scheint – wenn da nicht Lord Peter Wimsey wäre, den der Pfarrer zu Hilfe gerufen hat. In mühsamen Ermittlungen gelingt es Wimsey, die Halsbandaffäre zu klären, Dieb und Komplizen zu überführen, der Leiche den Namen des Diebes zuzuordnen und nachzuweisen, dass dieser sich vor seinem Tode im Glockenturm versteckt hatte. Nur eines scheint auch Lord Peter nicht zu schaffen: den Mörder zu stellen. Dann aber ist er zu der Zeit in der Glockenstube, als der Pfarrer Sturm läuten lässt, um vor einer Überschwemmung zu warnen; das schreckliche Dröhnen der Glocken nimmt ihm den Atem, bringt das Herz zum Jagen und tötet ihn fast. Da weiß er plötzlich, dass er selbst und die anderen *bell ringer* den Tod desjenigen zu verantworten haben, der die Neujahrsnacht mit dem nachgerade höllischen Lärm der Glocken verbringen musste und nicht entkommen konnte. Der Pfarrer erinnert den Schuldbewussten tröstend daran, dass die Glocken keinen bösen Menschen in ihrer Nähe dulden – so gehe jedenfalls die Überlieferung – und kein Mensch sich wegen des Geschehenen Vorwürfe zu machen brauche. Zur Beruhigung aber sei noch angemerkt, dass das Wechselläuten selten so gefährlich ist wie in jener Nacht in den Fens.

Englische Vorlieben – kulinarisch

Die meisten der englischen Kriminalisten sind weder reich noch ausgesprochene Gourmets (Ausnahmen: Lord Peter Wimsey, Sherlock Holmes), sondern sie entsprechen in ihren kulinarischen Vorlieben und finanziellen Möglichkeiten dem Durchschnittsengländer und seinem auf traditionelle Speisen gerichteten Geschmack. So gibt es zum Beispiel bei Chiefinspector Wexford zum Sonntagabenddinner *Roastbeef* und *Yorkshire Pudding* (MORD AM POLTERABEND), sein Sergeant Burden erfreut sich an dem köstlichen Duft von *Steak-and-Kidney-Pie*, der durch seinen Bungalow zieht (DER LIEBE BÖSER ENGEL), Sid Halley liebt Steaks und lecker belegte Sandwiches, und Lovejoy schätzt Fleischpasteten jeglicher Art mit Roten Beeten und Pickles.

Steak-and-Kidney-Pie

Dieses Gericht ist eines der englischsten Gerichte der englischen Küche und für die Briten das Maß aller kulinarischen Dinge. In den meisten Pubs steht dieser populärste aller Pies mindestens einmal pro Woche auf der schwarzen Tafel, und jede gute britische Hausfrau hat, wie auch die Frau von Sergeant Burden, ihr erprobtes Rezept für die Familientafel.

750 g Rumpsteak, in 1 cm große Würfel geschnitten
500 g Kalbsnieren, geputzt und ebenso gewürfelt
250 g kleine Champignons, geviertelt
1 größere Zwiebel, gewürfelt
Butterschmalz oder Öl zum Braten
Salz, Pfeffer, Zucker, Mehl
100 ml Bier · 300 ml Rinderbouillon
2 EL Worcestersauce
1 TL Senfpulver
2 Lorbeerblätter · 2 TL Thymian
1 Paket Blätterteig
1 Eigelb, etwas Sahne

Fleisch und Nieren gut trockentupfen, salzen, pfeffern und sorgfältig mit Mehl bestäuben. In einer Pfanne in heißem Butterschmalz kurz und kräftig anbraten, dann in eine Auflaufform füllen. Im selben Fett Zwiebelwürfel und Pilze unter Rühren andünsten und zu den Fleischstücken geben. Den verbliebenen Bratensatz mit dem Bier ablöschen, Fleischbrühe und die übrigen Gewürze dazurühren und abschmecken. Diese Sauce in die Pieform geben und vorsichtig unterrühren.

Den aufgetauten Blätterteig etwa 5 mm dick ausrollen und damit den Pie abdecken. Überstehende Ränder abschneiden und den Teig rundherum mit einer Gabel fest an die Form drücken. In der Mitte des Teigdeckels zwei 3 cm lange Einschnitte zum Abzug des Dampfes anbringen und den Teig mit einer Mischung aus verquirltem Ei und Sahne bestreichen.

Im vorgeheizten Ofen bei 220 Grad 20 Minuten backen, dann die Hitze auf 180 Grad reduzieren und weitere 30-35 Minuten im Ofen lassen, bis der Teig goldbraun und schön aufgegangen ist.

Roastbeef mit Yorkshire Pudding und Meerrettichsauce

Roastbeef

1 1/2 kg Roastbeef oder Ochsenlende am Knochen
Salz, frisch gemahlener schwarzer Pfeffer, Senfpulver
Bratfett oder Öl

Ofen auf 250 Grad vorheizen. Einen Bräter mit Fett darin erhitzen.

Fleisch mit Salz, Pfeffer und Senfpulver einreiben. Etwas ruhen lassen, damit das Fleisch die Aromen aufnehmen kann. Dann das Stück in den Bräter geben und in dem heißen Fett wenden, um die Poren zu verschließen. Mit der Fettseite nach oben etwa 45-50 Minuten im Ofen braten (Hitze nach 20 Minuten auf 190 Grad reduzieren), um es *medium* zu bekommen, dabei mehrmals mit dem Fleischsaft begießen, der sich am Boden des Bräters sammelt. Fleisch herausnehmen und etwa 20 Minuten an einem warmen Ort ruhen lassen, bevor es tranchiert wird.

Von diesem Fleischstück, das wegen seines größeren Volumens einen saftigen Braten ergibt, bleibt sicher ein Rest übrig, den man später, kalt und in dünne Scheiben geschnitten, für das Belegen von Sandwiches oder als Garnitur für einen Salat verwenden kann.

Yorkshire Pudding

100 g Mehl · 1/2 TL Salz
2 kleine Eier, leicht verquirlt
250 ml Milch · 30 g Schmalz

Mehl und Salz in einer Schüssel mischen. Eier hineingeben und vermengen. Die leicht erwärmte Milch langsam darunterrühren und den Teig mit dem Rührgerät aufschlagen, bis er glatt und cremig ist und sich Blasen bilden. 30 Minuten ruhen lassen.

Backofen auf 220 Grad erhitzen. 8 kleine Souffléformen mit Schmalz ausstreichen und in den Ofen stellen, bis das Fett heiß ist. Den Teig auf die Förmchen verteilen. 15-20 Minuten backen, bis der Pudding aufgegangen und goldbraun ist.

Meerrettichsauce

1 TL englischer Senf · 1 EL Weißweinessig
1 EL Zucker
je 1/2 TL Salz und weißer Pfeffer
3 EL Crème double
1/2 Tasse frisch geriebener Meerrettich

Alle Zutaten, außer dem Meerrettich, gut vermischen, zum Schluss den Meerrettich unterziehen und zum Roastbeef servieren.

Dieses Essen sollte mit frisch gedünstetem Gemüse angerichtet und von einem Pomerol begleitet werden.

Syllabub

120 ml Weißwein · 3 EL Sherry · 3 EL Brandy
1 Zitrone, Saft und Schale
60 g sehr feiner Zucker
300 ml Crème double
Muskatnuss
einige essbare Blüten
(zum Beispiel Kapuzinerkresse oder Borretsch)
1 Eiweiß

Sherry, Wein und Brandy mit dem Zitronensaft und der dünn abgeschälten Zitronenschale in eine Schüssel geben und über Nacht ziehen lassen. Am nächsten Tag die Zitronenschale entfernen, den Zucker hinzufügen und rühren, bis er sich aufgelöst hat. Nun langsam die Crème double hineingeben, etwas Muskat darüber reiben und mit dem elektrischen Handrührgerät schlagen, bis die Crème steif ist. In vier hohe Gläser füllen und kühl stellen. Vor dem Servieren mit Zitronenzesten und kandierten Blüten garnieren (dazu diese in leicht verschlagenes Eiweiß und dann in feinen Zucker tauchen und trocknen lassen).

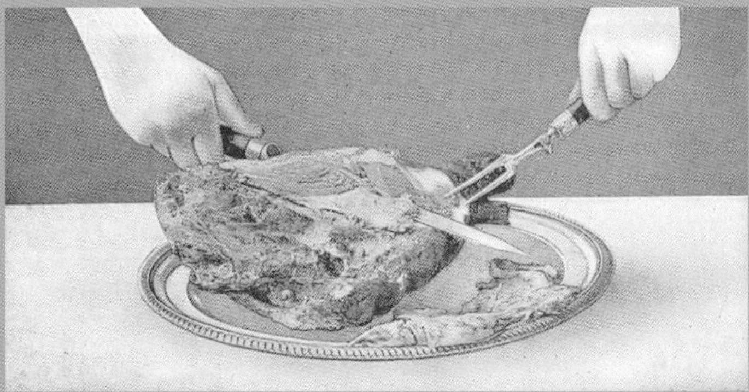

Von London in die Counties

Scotland Yard greift ein

Commander Adam Dalgliesh und Chief Inspector Wilfried Dover

Bis 1967 war die berühmte Polizeieinheit in einem von Norman Shaw entworfenen Backsteingebäude untergebracht (rechts unten); seitdem arbeitet man in einem Neubau, vor dessen Eingang sich – angeblich mehr als 14.000 mal am Tag – das Schriftzeichen NEW SCOTLAND YARD dreht (rechts oben).

Die Leiche ohne Hände *lag auf dem Boden eines kleinen Dinghis, das gerade noch in Sichtweite der Küste von Suffolk dahintrieb. Es war der Körper eines Mannes in den mittleren Jahren, ein schmucker kleiner Leichnam mit einem dunklen Nadelstreifenanzug als Leichenhemd, der im Tod genauso elegant am schmalen Körper saß wie im Leben.* Unheimlich ist dieses Treibgut, und es könnte, wenn angelandet, durchaus den Stoff für ein Schauergedicht, vielleicht für eine Ballade, abgeben. Doch der Lyriker aus Passion, Adam Dalgliesh, gerade auf Urlaub in Suffolk, fände hier kein Sujet; zum einen favorisiert er subtilere Poesie, zum andern muss er sich mit der Leiche in seinem Hauptberuf abgeben – er ist Beamter von Scotland Yard.

Wieder sind wir in East Anglia, und wieder erleben wir den problematischen Einfluss dieser Region auf die Lebenserwartung ihrer Bewohner. Auch im Fall der verstümmelten Leiche ermittelt ein Beamter der Grafschaft, doch die Anwesenheit von Inspector Dalgliesh gibt dem Polizisten vor Ort – vermutlich ein Mitglied der *Suffolk Constabulary* – ein Gefühl von Zuversicht. Er hört bereitwillig auf den Rat des Londoner Kollegen, denn dieser gehört der *Metropolitan Police Force* an, einer traditionsreichen und von der Bevölkerung in ganz England hoch geachteten Polizeieinheit.

Der Beginn dieser Tradition lässt sich sehr genau datieren: 1829 gründete der damalige Innenminister Sir Robert Peel die *Metropolitan Police Force*, deren wichtigste Aufgabe in der Verbrechensprävention bestand, die aber ebenso für die Aufklärung begangener Straftaten zu sorgen hatte. Waren es zu Peels Zeiten etwa 1.000 Hüter der öffentlichen Ordnung, die als Streifengänger (»*Bobbies*«) die Straßen ruhiger und als Detektive das Gewissen von Übeltätern unruhiger machten, so sind es heute fast 40.000 Beamte in Uniform und Zivil, die die Sicherheit im Großraum London und – wenn notwendig – auch in anderen Teilen des Landes gewährleisten. Der gesamte Polizeiapparat ist in zahlreiche hochspezialisierte Abteilungen gegliedert, von denen eine ausdrücklich für besondere Operationen zuständig und ihrerseits nach Aufgaben differenziert ist. So gibt es beispielsweise die *Royalty and Diplomatic Protection Group*, die *Anti-terrorist Branch* oder die *Organised Crime Group*. Besonders geheimnisvoll scheint die *Special Branch* zu sein, die im weitesten Sinne für die Sicherheit im Staate sorgt.

Die erste Polizeistation der *Met* befand sich in einem großen Gebäude in der *Bow Street*, nahe *Covent Garden* und der Oper, wo bereits die von Henry Fielding, Autor von *Tom Jones*, im 18. Jahrhundert aufgestellte Polizeitruppe der *Bow Street Runners* ihr Quartier hatte. 1890 etablierte sich die *Metropolitan Police* in dem von Norman Shaw entworfenen Backstein-

gebäude am Embankment in Whitehall; 1967 hat man den Amtssitz in einen Neubau verlegt (10 Broadway, London SW1H), vor dessen Eingang sich – angeblich mehr als 14.000 mal am Tag – das Schriftzeichen NEW SCOTLAND YARD dreht.

In diesem Bollwerk aus Beton und Glas hat auch Adam Dalgliesh sein Büro – ein nicht sehr großes, unpersönlich gehaltenes Zimmer, mit Gesetzestexten und Parlamentsbeschlüssen im Bücherschrank, einem Gemälde des Norman-Shaw-Gebäudes an der Wand und einer Vase mit duftenden Gartenrosen auf dem Schreibtisch. Begegnen wir ihm anfangs noch im Rang eines Inspectors, so erleben wir, wie er Karriere macht, deren letzte Stufe er als Commander – dem höchsten Dienstgrad unterhalb der mit Commissionern besetzten Führungsebene – möglicherweise noch nicht erreicht hat, wahrscheinlich aber auch nicht erreichen will. Man hält ihn für einen etwas exzentrischen Sonderling, der als persönlicher Berater des Polizeichefs mehr Einfluss hat, als nach seiner Dienststellung zu vermuten wäre. Er leitet ein kleines Dezernat, das eigens für die Aufklärung von Verbrechen besonders heikler Natur eingerichtet wurde, und so werden er und seine Mitarbeiter ausgesandt, wenn der Mord an einer prominenten Anwältin mitten im Gerichtsbezirk aufgeklärt werden soll (Was gut und böse ist) oder wenn ein einflussreicher Wirtschaftsmagnat Genaueres über den Tod seines Sohnes wissen möchte (Tod an heiliger Stätte).

Die mittelalterliche Kirche von Blythburgh, umgeben von blühenden Narzissen.

Dalgliesh, früh verwitwet und allein lebend – seine Frau starb im Kindbett, sein kleiner Sohn kurz darauf –, ist sehr zögerlich, wenn es gilt, eine neue Beziehung einzugehen. Von seinen Mitarbeitern wird er respektiert und geschätzt, auch wenn seine leicht unterkühlte Art größere kollegiale Nähe kaum zulässt. Die Autorin P.D. James sagt in einem Interview über ihren Helden, dass er vielleicht einen Eissplitter im Herzen habe – sie bewundere ihn, würde aber nicht für ihn arbeiten wollen. Seine einzige Verwandte, eine ältere Tante, lebt am Meer in Suffolk, in der Nähe jener Klippen, die bei Dunwich die Küste so gefährlich machen.

Diskretion ist Ehrensache

P. D. James, deren erster Roman mit dem Ermittler Dalgliesh 1962 erschien, wohnt in London und in Southwold, zwischen Aldeburgh und Lowestoft gelegen, und sie ist der Ostküste seit ihrer Kindheit verbunden. Ihrer Ansicht nach ist Suffolk zwar nicht die lieblichste Grafschaft in England – die Schönheiten sind versteckter und weniger dramatisch –, aber James mag den weiten Himmel, die ausgedehnten Wiesen und Felder und die vielen Kirchen. Das ist sicherlich ein Grund, warum es Dalgliesh ähnlich ergeht. Suffolk ist für ihn ein Refugium, wenn er den dienstlichen Beanspruchungen für kurze Zeit entkommen will, doch auch (oder gerade) hier trifft er auf Mord und Mörder. Eine tröstliche Einstimmung auf die Ferien ist der Besuch in der Kirche von Blythburgh, der »Kathedrale der Marschen«, die mit ihrer Kassettendecke und dem Engel einen der schönsten sakralen Innenräume in Suffolk aufweist. Ein Spaziergang über die weiten Heideflächen versetzt Dalgliesh zurück in seine Kindheit, denn hier hat er schon damals die

Die Kirche von Blythburgh überrascht mit einem der schönsten sakralen Innenräume in Suffolk.

Ferien verbracht. Seine Tante wohnt in der Nähe einer kleinen Künstlerkolonie auf der Heide, deren Idylle wie fast immer nur eine scheinbare ist. Neid und Eifersucht, Habgier und Demütigungen sind die Reagenzien, deren Verbindung Mord ergibt. Und die einsame Heidelandschaft, die schroffen Klippen bei Dunwich und die Reste des kleinen Ortes, der vor langer Zeit im Meer verschwand, bergen ihrerseits genug Geheimnisse, geben etliche Rätsel auf, die selbst ein Mann von Scotland Yard nicht zu lösen vermag.

Trotz seiner Kindheit auf dem Lande, wo er als Sohn eines Pfarrers aufwuchs, ist Dalgliesh ein Großstadtmensch, der in einer komfortablen Wohnung im obersten Stock eines Lagerhauses lebt, von wo er einen immer wieder beeindruckenden Blick auf die Themse hat. Er chauffiert einen Jaguar und führt durchaus die stilvolle Existenz eines Gentleman. Er weiß ein gutes Essen und einen exzellenten Wein in gepflegtem Ambiente zu schätzen, wobei er sogar die Details der Vorspeise und die Zartheit des Lammbratens wahrnimmt (WER SEIN HAUS AUF SÜNDEN BAUT). Die Zutaten für einen Picknick-Lunch während einer Dienstreise – warmes Brot, Butter und eine grobe Pâté – kauft er in einem Delikatessenladen und vergisst dabei vielleicht seinen Führerschein, aber nicht die halbe Flasche Wein, denn ein Glas und eine Thermoskanne Kaffee hat er bei Fahrten über Land stets dabei. Und als Gentleman agiert er selbst dann, wenn er mit dem Anblick von manchmal grässlich zugerichteten Leichen konfrontiert wird. Meistens arbeitet er in London, denn – so eine spöttische Bemerkung von ihm – Scotland Yard müsse sehr viel weniger über die Grenzen der Metropole hinaus eingreifen, als der Bürger üblicherweise meine.

Als Leiter einer Spezialdezernates hat er zumeist mit jenen Fällen zu tun, bei denen entweder die Opfer oder die Verdächtigen oder zuweilen beide aus jenen Kreisen der Gesellschaft stammen, die auf besondere Beachtung und – nach eigenem

Der rauhe Charme Ostenglands: Häuser mit zum Teil unverputzter Außenfassade am Ausgang einer kleinen Ortschaft.

Verständnis – auch auf besondere Rücksichtnahme rechnen dürfen. Wenn ein ehemaliger Minister und ein Stadtstreicher in der Sakristei einer kleinen Kirche in Paddington mit durchschnittener Kehle aufgefunden werden, wenn eines der Opfer, ein Baronet, aus einer sehr alten Familie stammt und gesellschaftliche, wenn nicht sogar politische Verwicklungen zu befürchten sind, dann kann man sich auf den diskret handelnden, aber jederzeit entschlossen vorgehenden Ermittler Dalgliesh verlassen (DER BEIGESCHMACK DES TODES).

Dalgliesh zeichnet sich außerdem durch einen ausgeprägten Gerechtigkeitssinn aus, dem sich letztlich sein unbedingtes Streben nach Aufklärung verdankt. Da ist es schon fast Ironie der Juristin ihre Anwaltsperücke aufgesetzt und diese mit frischem Blut übergossen hat. Kurz zuvor noch hat Venetia Aldridge mit einem ihrer überzeugenden Auftritte in *Old Bailey* für einen des Mordes angeklagten jungen Mann einen Freispruch erzielt – ahnend, wenn nicht gar wissend, dass jener schuldig ist. In solchen Augenblicken erschien ihr das englische Rechtssystem als merkwürdig, aber erstaunlich gut funktionierend, vorausgesetzt, man stufte den Schutz des Unschuldigen höher ein als die Bestrafung des Schuldigen. Dalgliesh muss den Schuldigen finden und bestrafen lassen, doch das ist sehr viel schwieriger, als er annimmt. Zu vielen Menschen hat die Anwältin Verletzungen zugefügt, zu häufig hat sie gewonnen

des Schicksals, wenn sich einer der schwierigsten Fälle, die er zu klären hat, im *Temple* ereignet, dem Herzstück des englischen Rechtsestablishments. Nirgendwo sonst gibt es auf so engem Raum eine so große Anzahl von Anwaltskanzleien (WAS GUT UND BÖSE IST). Ein Mord in diesem Recht und Gerechtigkeit verpflichteten Bereich wirkt fast ähnlich verstörend wie die Leiche im Pfarrhaus, da die Menschen immer noch meinen, es gäbe einen qua Institution verbrechensfreien Ort. Die erfolgreiche und geachtete, wenn auch wenig beliebte Anwältin Venetia Aldridge wird an ihrem Schreibtisch im Büro ermordet aufgefunden, getötet durch den Stich mit einem dem Schwert der Justitia nachgebildeten Brieföffner. Die Szenerie erhält zusätzlich einen makabren Anstrich dadurch, dass man und andere verlieren lassen. Der Commander findet den Täter; dieser offenbart sich ihm, aber verhaften kann der Commander ihn nicht, weil es keine verwertbaren Beweise gibt.

Wenn wir Dalgliesh bei seinen schwierigen Ermittlungen begleiten, treffen wir ihn selten allein. So sehr er privat die Zurückgezogenheit liebt, so sehr ist er im Dienst auf das Team, auf seine Kolleginnen und Kollegen angewiesen. Sie nehmen Befragungen vor, sammeln Indizien und helfen mit, in Gesprächen Probleme zu erörtern und manchmal zu klären. Auch eine Frau hat er ins Team geholt: Inspector Kate Miskin ist klug, einsatzfreudig, sensibel und kann hervorragend schießen – zum Leidwesen eines ehrgeizigen männlichen Kollegen. Dalgliesh schätzt an ihr das Verständnis für seine Eigenarten, und

er vermutet, dass sie klarere Urteile fällen kann als irgendeiner seiner männlichen Untergebenen. Zu dem Team im weiteren Sinne gehören auch die »Techniker«: Fotografen, Fachleute für Spurensicherung und die Gerichtsmediziner. Größtes Unbehagen bereitet es Dalgliesh, den Medizinern bei ihrer Arbeit zuzusehen, sei es am Fundort der Leiche, sei es bei der Sektion. Mit einem gewissen Ekel beobachtet er ihre Aktivitäten, weil er die Toten im Augenblick der Untersuchung entwürdigt sieht. Der gewaltsame Tod zerstört die Privatheit des Menschen, indem er die Leiche der Gründlichkeit forensischer Rituale überantwortet (TOD IM WEISSEN HÄUBCHEN).

Dalgliesh ist sicher kein einfacher Chef, aber er ist erfolgreich und es gelingt ihm auch, seine Mitarbeiter derart zu motivieren, dass sie ihrerseits effektiv arbeiten. Der Mann vom Yard ist kein Einzelkämpfer, nur von Ingenium und Kombinationsfähigkeit auf die Spur des Täters geführt, sondern er kommt bei seinen Ermittlungen vor allem deshalb zu positiven Ergebnissen, weil er – anders noch als Sherlock Holmes und Co. – den großen Apparat kriminologischer Technik zu nutzen weiß.

Mehr Glück als Verstand

Dalgliesh ist sicherlich repräsentativ für die hochqualifizierten Mitarbeiter vom Yard – doch wie überall gibt es auch Ausnahmen, und sei es nur, um das Licht der anderen um so heller leuchten zu lassen.

Würde man Dalgliesh irgendwo begegnen, so sähe man einen großen, schlanken, elegant gekleideten, gepflegten Mann, den man für einen Gentleman hielte und vielleicht auch für einen hohen Beamten bei Scotland Yard. Würde man Chief Inspector Wilfried Dover treffen, so erschienen dem Betrachter derartige Vermutungen geradezu abwegig. Es gibt kaum einen Angehörigen des Yard (und schon gar keinen Bürger

außerhalb dieser Institution), der sich nicht fragt, wie um alles in der Welt ein solches Exemplar von Detektiv immer noch im Dienst sein kann. Bemerkenswerterweise fragt sich das fast täglich seine Frau, mit der er in einem kleinen und kleinbürgerlichen Reihenhaus irgendwo in einem der weniger vornehmen Londoner Vororte lebt. Am häufigsten aber fragen sich das seine Vorgesetzten, die versuchen, ihn entweder in andere Abteilungen abzuschieben oder zumindest durch Aufträge außerhalb Londons außer Sichtweite zu schaffen. Geradezu verzweifelt jedoch wird jene Frage von seinem engsten Mitarbeiter Sergeant MacGregor gestellt, der ihn wahrscheinlich auch gerne außer Riechweite befördern möchte. Der junge, ehrgeizige Sergeant, intelligent, tüchtig, liebenswürdig, Absolvent einer Public School, außergewöhnlich gut gekleidet, ist das genaue Gegenteil von Dover. Er hadert mit dem Schicksal, das ihn mit Dover zusammenspannte, doch das Schicksal in Gestalt des Assistant Commissioners glaubt an die Läuterung durch Kummer und Elend, und es ist der Meinung, dass ein Mann, der Dover ertragen hat, vor nichts mehr zurückschreckt. – Immerhin ist Dover ein Mann von Gewicht: sehr groß, fast zweieinhalb Zentner auf die Waage bringend, dünne, fettige Haare, die ihre Schuppen auf den Kragen des blauen, schlecht sitzenden Anzuges rieseln lassen, welcher immer aussieht, als habe Dover in ihm geschlafen – was nicht selten auch zutrifft. Die Beamten der jeweiligen Grafschaftspolizei, die den Experten aus London voller Respekt erwarten, verlieren diesen sehr schnell, wenn sie Dovers ansichtig werden und ihn bei seinen Aktivitäten beobachten. Letztere bestehen häufiger aus Essen, Schlafen oder Dösen als aus intensiver Ermittlungsarbeit, aber erstaunlicherweise gelingt es ihm dennoch, manche Fälle trotz seiner scheinbar unzureichenden kriminalistischen Fähigkeiten zu lösen, wobei zugegeben werden muss, dass der Zufall oder ein unverschämtes Glück ihm nicht selten zur Seite stehen.

MacGregor ist häufig einem Nervenzusammenbruch nahe, wenn er den dicken Dover ohne Rücksicht auf mögliche

»Fast Food« mit langer Tradition: die beliebten *Fish and Chips*.

Spuren über einen Tatort trampeln sieht. In einem Mordfall lässt sich der Detektiv in der Küche vom Sergeanten Eier braten, obwohl die Spurensicherung weder die im Nebenraum liegende Leiche noch das Haus untersucht hat (Scotland Yard besticht man nicht). Gleichwohl gelingen ihm Beobachtungen, die auf den Täter hinweisen. Als eines Tages Dover entführt wird, hoffen alle, besonders seine Kollegen, dass die Kidnapper mit ihrer Drohung, den Detektiv umzubringen, ernst machen. Seine Frau plant schon ihre Zukunft als Witwe, doch wieder gelingt es dem Mann vom Yard, sich zu befreien und die Gangster zu überführen (Kein Lösegeld für Dover). Und selbst den verzwickten Fall eines verschwundenen Mädchens – rothaarig, 1,60 Meter groß, zwei Zentner schwer – löst er zur Überraschung aller. Die unauffindbare Juliet hat sich nicht etwa mit einem Liebhaber an der See amüsiert, sondern sie endete zerteilt in einer Kühltruhe (Der Fall der kühlen Rothaarigen). Joyce Porter, die beschloss, Bücher zu schreiben, um allen anderen Arten von Arbeit zu entgehen, hat vielleicht Dover erfunden, um einen Mann zu zeigen, der Kriminalbeamter wurde, um seinerseits allen anderen Arten von Arbeit zu entgehen.

Vor allem aber ist Dover ein Detektiv, der nicht nur höchst unzureichend daran arbeitet, die durch ein Verbrechen gestörte Ordnung der bürgerlichen Welt wiederherzustellen, sondern der – zumeist nur durch Zufall eine Lösung findend – als chaotischer, egozentrischer Banause selbst eine Störung menschlicher Gemeinschaft darstellt. Mancher Leser würde vielleicht gern mit Miss Marple durch ihren Garten schlendern, mit Gervase Fen durch Oxford rasen oder mit Lovesey durch East Anglia stöbern, und er wäre froh, diesen und anderen fiktiven Ermittlern in der Wirklichkeit zu begegnen. Doch dann erinnert er sich des Anti-Detektivs Dover und ist zufrieden, dass manche Detektive nur literarische Figuren sind, derer man sich entledigt, wenn man sie mitsamt dem Buch, das ihnen zum Leben verhalf, ins Regal stellen kann.

Fish and Chips

Die in diesem Kapitel vorgestellten Scotland-Yard-Beamten, Commander Adam Dalgliesh und Detective Chief Inspector Wilfried Dover, sind so ziemlich in jeder Hinsicht diametrale Gegensätze: in Aussehen, Benehmen, Stellung, Persönlichkeitstyp, Zivilisationsverhalten, Untersuchungsmethoden, Erfolg etc. Doch beide frönen ab und an einer (weiteren) britischen Vorliebe: dem Nationalgericht *Fish n' Chips*. Natürlich sucht Dalgliesh, Gentleman und qualitätsbewusster Feinschmecker, dazu einschlägig bekannte Restaurants auf: Er würde etwa in Manchester, wie Kate Brannigan, bei *Harry Ramsden*, dem Ritz der *Fish-n'-Chips*-Restaurants, einkehren oder in London das *Audley* aufsuchen, ein renommiertes Pub aus viktorianischer Zeit mit bekannt gutem *Fish n' Chips*. Dover dagegen, Prolet der er ist, begnügt sich, wie sonst in seinem Leben, so auch hier mit minderer Qualität. Hauptsache er bekommt etwas zwischen seine immer gierigen Zähne: Er vertilgt sein *Fish n' Chips* an der Imbissbude, in Zeitungspapier eingewickelt, aus der Hand.

Wir halten es im Folgenden lieber mit Adam Dalgliesh, der sich im Restaurant eines gepflegten Pub das englische Nationalgericht zu Gemüte führt.

Fish and Chips

6 große Kartoffeln
4 Fischfilets à 200-250 g (Kabeljau, Schellfisch oder Scholle)
3 EL Mehl, Salz, weißer Pfeffer
Öl zum Frittieren (am besten ein leichtes Pflanzenöl)
1 Zitrone, Petersilie zum Garnieren

Für den Teig
200 g Mehl
2 TL Backpulver
1 Ei verschlagen mit 2 EL Bier
150 ml Milch gemischt mit 2 EL Wasser
1 EL weißer Essig
Salz, weißer Pfeffer

Für den Teig alle Zutaten mit einem Rührgerät gründlich verarbeiten, bis eine weiche, geschmeidige Masse entsteht. Diese 1/2 -1 Stunde ruhen lassen.

Die Fritteuse auf 180° Grad vorheizen. Die Kartoffeln schälen, quer in 1 cm dicke Scheiben schneiden und diese wieder quer halbieren. Die Kartoffelhalbmonde in kleinen Portionen in dem heißen Öl frittieren. Wenn sie lichtgelb sind (nach etwa 4-5 Minuten), herausnehmen und auf Küchenkrepp das überschüssige Fett aufsaugen lassen.

Die Fischfilets (große Stücke evtl. halbieren) zunächst jeweils in einer Mehl-Salz-Pfeffer-Mischung wenden, dann so in den Ausbackteig tauchen, dass sie gleichmäßig davon überzogen werden, und nun im heißen Öl backen, bis der Teigmantel knusprig und goldbraun ist (etwa 5-6 Minuten, dabei einmal umdrehen). Auf Küchenpapier abtropfen lassen.

Das Öl auf 190° erhitzen und die Chips darin noch einmal 1-2 Minuten frittieren, bis sie innen noch weich, außen aber knusprig und goldgelb sind. Abtropfen lassen.

Fisch und Kartoffelchips auf einer großen vorgewärmten Servierplatte anrichten, mit Zitronenvierteln und Petersilienzweigen garnieren. In England wird dazu Salz und Malzessig gereicht, den man über Fisch und Chips träufelt – schmeckt richtig gut!

Als Kontrast zu diesem insularen Leibgericht würde der durchaus international orientierte Commander Dalgliesh vielleicht ein dänisches Pils oder ein bayrisches Export trinken.

HOLMES

Ausgewählte Literatur

Annan, Noel: The Dons. Mentors, Eccentrics and Geniuses. London 2000.

Batselier, Pieter (Hrsg.): Benedictus. Symbol abendländischer Kultur. Stuttgart u. a. 1997.

Bedford, John Herzog von: Traktat über die feine britische Art. Frankfurt 1966.

Mrs. Beeton's Book of Household Management. London 1909.

Bevis, Trevor: Dorothy Leigh Sayers and the Fens. March 2000.

Bourin, Jeanne: Rupfen Sie den Schwan wie eine Gans. Rezepte aus der Küche des Mittelalters. München 1991.

Brander, Michael: The Victorian Gentleman. London 1975.

Bridge, Tom: Bridge over Britain. London 1996.

Carlson Rosenblatt, Julia u. a.: Dining with Sherlock Holmes. A Baker Street Cookbook. New York 1976.

Carr, John C.: Mord ist ihr Geschäft. Gespräche mit Krimi-Autoren. Frankfurt/M., Berlin 1986.

Chesterton, Gilbert Keith: Orthodoxie. Eine Handreichung für die Ungläubigen. Frankfurt/M. 2000.

Christie, Agatha: Meine gute alte Zeit. Bern u. a. 1977.

Clough, Patricia: English Cooking. Ein schlechter Ruf wird widerlegt. München 2001.

Conran, Terence: London. Berlin 2001.

Dale, Alzina D./Hendershott, Barbara S.: Mystery Reader's Walking Guide: England. Lincolnwood (Ill.) 1991.

Dalton King, M.: Tea Time. Tradition, Presentation, Recipes. Philadelphia, London 1992.

Edington, Sarah: National Trust Recipes. London 1996.

Fido, Martin/Skinner, Keith: The Official Encyclopedia of Scotland Yard. London 1999.

Fido, Martin: The World of Agatha Christie. London 1999.

Fido, Martin: The World of Sherlock Holmes. London 1998.

Fuller, Bryony: Dick Francis. Steeplechase Jockey. London 1994.

Gawin, Isabella/Schulze, Dieter: Oxford und Umgebung. 2. Aufl. Bielefeld 1998.

Hardyment, Christina: Literary Trails. Writers in their Landscape. London 2000.

Hart, Anne: Agatha Christie's Miss Marple. Ihr Leben und ihre Abenteuer. Bern u. a. 1991.

Hendershott, Barbara S./Dale, Alzina S.: Mystery Reader's Walking Guide London. 2nd. Ed. Lincolnwood (Ill.) 1996.

Herbert, Rosemary (Hrsg.): The Oxford Companion to Crime and Mystery Writing. New York, Oxford 1999.

Hertel, Heidi: Zu Gast in Englischen Country Hotels. Köln 1995.

Hislop, John: Theorie und Praxis des Rennreitens. Köln 1975.

James, Henry: In England um glücklich zu sein. München 1988.

James, P. D.: Time to be in Earnest. A fragment of an autobiography. London 1999.

King, Paul u.a.: The Tate Cookbook. London 1996.

Luard, Elisabeth: A Taste of the Country. London 1993.

Martin, Carolyn: Clotted Cream. Redruth 1999.

McDermid, Val: »Sugar and Spice and all Things Nice. Character Creation and Development«. In: A Career in Crime, hrsg. von Helen Windrath, S. 15-28. London 1999.

Morgan, Janet: Agatha Christie. München 1988.

Moynahan, Bryan: Das Jahrhundert Englands. München 1997.

Norwak, Mary: The 5 o'Clock Cook Book. London 1960.

Reynolds, Barbara: Dorothy L. Sayers. Her Life and Soul, rev. Ed. London 1998.

Riley, Dick/McAllister, Pam: The Bedside, Bathtub & Armchair Companion to Sherlock Holmes. New York 1999.

Riley, Dick/McAllister, Pam: The Bedside, Bathtub & Armchair Companion to Agatha Christie. New York 1979.

Roles, Julia u. a.: China. Eine kulinarische Reise. München 1987.

Roth, Ceci: A History of the Jews in England, 3rd Ed. Oxford 1964.

Ryan, Elisabeth u. a.: The Lord Peter Wimsey Cookbook. New Haven 1981.

Sager, Peter: Ostengland. Suffolk, Norfolk und Essex. Köln 1990.

Shaw, Timothy: Die Welt des Auguste Escoffier. München 1994.

Simpson, Helen: The London Ritz Book of Afternoon Tea. The Art and Pleasures of Taking Tea. London 1986.

Symons, Julia: Am Anfang war der Mord. München 1972.

Symons, Julian: Criminal Practices. London 1994.

Tolhurst, Peter: East Anglia. A Literary Pilgrimage. Bungay 1996.

Watkins, Dee and Jessie: Englische Landhausküche. Niederhausen/Ts. 1997.

Weeks, David/James, Jamie: Exzentriker. Über das Vergnügen, anders zu sein. Reinbek 1998.

Whiteman, Robin: Die Welt des Bruder Cadfael. München 1996.

Winn, Dilys (Hrsg.): Murder Ink. The Mystery Reader's Companion. Newton Abbot 1978.

Winn, Dilys (Hrsg.): Murderess Ink. The Better Half of the Mystery. New York 1979.

Die Romane der in diesem Buch genannten Autoren und Autorinnen erscheinen in folgenden Verlagen:

Allingham, Margery: Diogenes Verlag, Zürich.
Chesterton, Gilbert K.: Diogenes Verlag, Zürich.
Christie, Agatha: Scherz Verlag, Bern-München-Wien.
Crispin, Edmund: Goldmann Verlag, München; DuMont Verlag, Köln.
Dexter, Colin: Rowohlt Taschenbuch Verlag, Reinbek.
Doyle, Arthur Conan: Delphin Verlag, München.
Francis, Dick: Diogenes Verlag, Zürich.
Gash, Jonathan: DuMont Verlag, Köln.
Haymon, Sylvia T.: Piper Verlag, München - Zürich.
James, P. D.: Droemersche Verlagsanstalt Th. Knaur Nachf., München.
Lovesey, Peter: Droemersche Verlagsanstalt Th. Knaur Nachf., München.
McDermid, Val: Fischer Taschenbuch Verlag, Frankfurt.
Peters, Ellis: Heyne Verlag, München.
Porter, Joyce: Rowohlt Taschenbuch Verlag, Reinbek.
Rendell, Ruth: Goldmann Verlag, München.
Robinson, Robert: DuMont Verlag, Köln.
Sayers, Dorothy L.: Rowohlt Taschenbuch Verlag, Reinbek.

Bildnachweis

Alle Fotografien von Horst und Tina Herzig, außer:

Archiv Dorén + Köster, Berlin 3, 9, 10, 11, 12 oben, 17 unten, 18 unten, 24, 28 oben, 33, 34 unten, 35, 36, 38, 43, 44 Mitte, 45 links, 46 links, 50, 57 oben, 60, 62 unten, 65 oben, 67 oben, 76, 81, 86, 91 unten, 92, 93 links und unten, 94, 96 oben, 100 oben, 101 oben, 103 oben, 104 unten, 106 unten, 107 unten, 110, 119 oben, 120 oben, 122 unten
akg-images, Berlin 16/17, 37
Mrs. Beeton's Book of Household Management, London 1909 25, 26, 39, 40, 53, 54, 69, 70, 87, 88, 97, 111, 112, 123,
Brown's Hotel, London 62 oben
Pauline Schimmelpenninck, Berlin 6
The National Trust 7, 8, 28 unten (2), 30 links

Dank

Die Autorinnen bedanken sich für freundliche Unterstützung bei:

Amanda Burns, East of England Tourist Board, Hadleigh
Christopher Dean, Hurstpierpoint und der Dorothy L. Sayers Society
Irmgard Mämecke, Bochum
Dr. Friederike und John Poziemski, Bochum

Krimibuchhandlung »Hammett«, Berlin
Krimibuchhandlung »UFO«, Freiburg
Krimibuchhandlung »Die Wendeltreppe«, Frankfurt/M.
»UBU«, Bochum

Institut für Zeitungsforschung, Dortmund
National Trust, London

Und – last but not least – danken sie Diethelm Kaiser und Dr. Elisabeth Knoll, Nicolai Verlag, für engagierte Betreuung und hilfreiche Begleitung, und Peter Nils Dorén dafür, dass er dem Buch zu seiner endgültigen Gestalt verhalf.